微论品牌

微时代的最佳品牌营销读本

赵崇甫 / 著

当代世界出版社

图书在版编目（CIP）数据

微论品牌——微时代的最佳品牌营销读本 / 赵崇甫著.
——北京：当代世界出版社，2014.9
　ISBN 978-7-5090-0983-3

Ⅰ.①微… Ⅱ.①赵… Ⅲ.①品牌营销
Ⅳ.①F713.50

中国版本图书馆CIP数据核字（2014）第152144号

书　　名：微论品牌——微时代的最佳品牌营销读本
出版发行：当代世界出版社
地　　址：北京市复兴路4号（100860）
网　　址：http://www.worldpress.org.cn
编务电话：（010）83908456
发行电话：（010）83908409
（010）83908377
（010）83908455
（010）83908423（邮购）
（010）83908410（传真）
经　　销：全国新华书店
印　　刷：北京画中画印刷有限公司
开　　本：710毫米×1000毫米　1/16
印　　张：16
图 字 数：200千字　69图
版　　次：2014年9月第1版
印　　次：2014年9月第1次
书　　号：ISBN 978-7-5090-0983-3
定　　价：32.80元

如发现印装质量问题，请与承印厂联系调换。
版权所有，翻印必究，未经许可，不得转载！

序一
品牌建设是中国的新长征

10多年前我就认识崇甫，觉得他是个善于学习、勇于改革、很有思想的人。后来得知他给自己的定位是做品牌的研究者、传播者和指导者。为此，他不辞辛劳，长期到企业、市场等地学习和调研，夜晚挑灯夜读，聚焦于品牌思考。汗水和心血不负有心人，一部涵盖品牌创意、设计、营销和如何提升品牌价值等多个方面，深入浅出地作了深刻、生动、实用的《微论品牌》大作终于问世了。此书出版意义重大，可喜可贺。

今天，经过30多年改革开放，中国已发生了翻天覆地的变化，国家综合实力大大提升，人民群众的生活日益富足。在取得丰硕成果的同时，我们也面临着经济结构的深层次调整和重建中国人文精神的艰巨使命，对于我们来说这又是一次长征。尽管中国的经济总量已经位于世界第二，但在很多领域我们还不够强大，在绝大部分行业领域我们缺乏真正具有影响力的品牌，特别缺乏世界级的大品牌。很多企业在研发、技术、工艺、设计和品牌建设上还很不够，大量企业仍属于简单加工型，在产品研发和市场占有率这最重要的两极都没有发言权，耗用土地、厂房、能源、原材料等较多的资源却只能获取微薄的利润。

今年10月16日，是中国工农红军长征出发80周年；30年前的这一天，我从江西瑞金以西的于都河畔出发，历时368个日日夜夜，严格按照红军长征的原路线、原起止时间，重走长征路。我丈量了5大雪山和2万平方公里草地、沼泽地的海拔高度，跨越了珠江源头、长江、黄河等24条河流，每天平均走75里路，每天写一篇见报稿件，追随当年红军足迹，徒步走到了陕北吴起镇。长征路上的艰苦体验，从某种意义上讲，使我更觉得改革开放以来的实践就是中华民族的新长征，同样需要坚韧不拔、艰苦奋斗、乐观向上、不怕牺牲，有激情、有梦想的长征精神。

历史和现实告诉我们，只有企业强，国家经济才强；只有品牌强，综合国力才强。当中国拥有越来越多的品牌，当这些品牌越来越具有世界影响力时，中国才能逐渐从经济大国变为经济强国，从综合大国变为综合强国。但是企业的品牌打造不是一朝一夕的事，强大的国家品牌建成也不能一蹴而就，需要我们所有人具有强烈的使命感和责任感，以利他之心，以坚韧之志，长期辛勤耕耘，方能功成。杭萧钢构董事长单银木说得好，"99分与100分的差距绝不是1分，不是无关紧要而是关键。"我们常沾沾自喜觉得已经够努力，成绩也够可以。但是，对于希望不断迎接挑战，不断超越巅峰追求极致的人来说，99分不是优秀而是平庸，就如同手表差几分之一秒就是上海牌与劳力士的差距。

对于创立品牌，我们有理由自信。中国人一度被洋枪洋炮打懵了，觉得自己一切都不如别人，其实中国在很长的历史时期都比西方强，从思想、制度到道德理念，中国一直是优秀的，只是近几百年，由于闭关锁国，错失了工业革命这班车，中国才落后了。这一点西方人看得很清楚。约翰·霍布森2004年在剑桥大学出版社出版了《西方文明的东方起源》一书，有力地推翻了"西方中心论"。

新华社记者詹得雄指出：霍布森用十分翔实的资料论证认为，现代西方文明，尤其是英国工业革命，其核心的技术、核心价值观主要起源于东方，主要起源于中国。欧洲列强并没有创造世界贸易体系，只不过用美洲的银元挤进了繁忙的中国市场和印度市场。说欧洲霸权来自于自由贸易、理性统治、民主人权，完全是神化。欧洲列强是用武力赢得贸易权的，英国工业革命是在严格的政府管制下进行的。欧洲思想文化，主要是在与外部世界接触中，特别是与东方接触中发展起来的。

改革开放给了我们与外部世界接触的机会，品牌的创立、建设和发展越来越受到国人的重视。在这一过程中，仍需要有人呼吁增强全社会的品牌意识，企业经营也必须以科学的品牌营销理论作为指导。因此，崇甫写的这本书不仅对现实非常有益，还具有重大历史意义。

罗开富
现任中国智库：中国经济前沿决策顾问中心副理事长
第十届全国政协委员
原《经济日报》前常务副总编辑

序二
处处皆需品牌思想

这是我第一次给作者写序,而且是给一位并非专门的学术研究机构的研究者,还是一本看上去与一般理论书籍"长篇大论"迥异的"微论"。之所以我愿意打破多年来不写序的"规矩"有几个原因。

第一个原因是本书很有特色。与崇甫去年出版的《品牌营销非常道》一样,本书也是他的微博结集,尽管每一则都很简短,但都言之有物。我们需要严谨的学术性著作,也需要一些精练而有思想的短文,以适应当下时间碎片化后大众的快阅读。文章的价值不在于长短而在于是否有思想、能否启迪人。只要言之有物,再短的文章也能让人在浅阅读中收获深内涵。本书有很多关于品牌发展的前瞻性判断,作为一个研究者,做出明确的"预测"性判断需要很大的勇气,而勇气背后则是他一直战斗在品牌研究和策划第一线"厚积"的底气。

第二个原因是品牌与我的专业相关。我是研究比较文学的,我认为所有的经典著作都是品牌,甚至会成为一个民族或一个国家的品牌,比如,《一千零一夜》之于阿拉伯民族,《塔木德》之于犹太民族,《飞鸟集》之于印度,《论语》之于中国;也会成为一个时代的品牌,比如,诸子百家作品之于春秋战国,李杜诗篇之于唐朝,《红楼梦》之于清代;作者个人品牌、著作品牌与国家(时代)品牌之间相互链接,比如莎士比亚、《哈姆雷特》与英国文化不可分割。

第三个原因是大学也需要建立品牌。我在高校担任管理职务,深刻地认识到中国的大学亟需建立和经营自己的独特品牌,大学不能再是自大的"大",而是大格局的"大",是有大师的"大"。大学也需要象企业一样有自己清晰的使命、愿景、战略定位，应该围绕科研和教学两极来构建核心竞争力，探索优化课程结构、教学模式，培养出真正有知识、能力强、受欢迎的人才。通过品牌塑造和营销，我们才能吸引更多优秀的人才加盟，吸引更多优秀的学生报考，从而实现输入和输出两个端口的"产品"都是高品质的。

第四个原因是我被崇甫所感动。他是我四川大学的校友，"我们的青春同属川大"，最初答应写序不排除有校友情份的因素，但真正的原因是他的坚持和执着打动了我。他每天都要写至少一条简短的品牌营销评论，大年三十、初一也不落下。这种坚持在快节奏的当下一般人很难做到，而他还要经营管理公司，如此坚持是难得可贵的，非常值得我们学习。

祝愿崇甫学弟的作品集能受欢迎，也希望他继续努力，把自己在品牌规划、营销策划实践中获得的宝贵经验，将自己平时所见所闻所思，形诸文字与更多人分享，这是非常有意义的。

蒋承勇
浙江工商大学党委书记
浙江省社会科学界联合会主席
博士研究生导师

序三
有思想的实干家

赵崇甫大学刚毕业就到我公司工作，当时的杭萧规模很小，也刚刚转型做钢结构。在我的印象中，他爱学习、文笔好、想法多、肯干事。1996年底他积极推动公司的形象建设和文化建设，设计公司的VI系统，撰写员工文化手册，这在当时还是很超前的。他创办了公司第一份小报《杭萧之声》，当时条件不好，因陋就简，也为了省印刷费用，他用四张A4的纸编排上内容，然后复印到一张A3的纸上就成了报纸，报名也是他自己用毛笔写的。再后来，他又创办了杭萧的第一本内刊《杭萧钢构》。

杭萧的广告语"昨日秦砖汉瓦，今日杭萧钢构"是他在我公司工作时提出的，这句话堪称经典，深受业内好评，我们一直使用至今。简单的一句话，把杭萧钢构是旧时代建筑的终结者和新时代建筑的开创者的勇气、信心和地位表达了出来。他的才情和创意来源于他丰厚的人文积累，除了品牌营销的深厚积累外，他的摄影水平还很高，书法也有一定造诣，他为杭萧撰写的很多宣传语言据说后来成为业内很多企业仿效的模板，他拍摄的一些照片也被很多企业扫描复制。

去年，他给杭萧集团做了品牌的总体规划，提出了杭萧"要从制造思维向服务思维转变，要从单一产品向综合管理服务转变，要从领先能力向盈利能力转变，要从产品创新向模式创新转变"。我觉得很中肯，这确实应该是杭萧未来发展的方向。今年，他又提出杭萧是品牌占位年，要占据"工业化绿色建筑集成专家与领导者"和"钢结构住宅产业化推动者与领导者"的位置。我深以为然。因为有这些缘故，我邀请他做公司的新内刊《心中城》的主编似乎理所当然，去年杭萧钢构上市10周年之际，公司还授予他"终身员工"荣誉称号。

今天，他担任了很多社会职务，是浙商研究会副会长、浙江省四川商会执行会长、四川大学浙江校友会秘书长，但是他却总能抽出时间用于学习和研究，做事依然精益求精，追求完美，这是很难能可贵的。自我要求严格和持续学习，或许是他保持活跃大脑的秘诀吧。

单银木

杭萧钢构集团董事长

序四
我们需要能落地的思想

我从事营销工作 24 年，拜读了很多蜚声中外的营销大师的书，从彼得·德鲁克（perter·drucker）、米尔顿·科特勒（Milton Kotler）到宗庆后、陈安之等等，也常和一些营销专家雅集茶叙，他们大多知识渊博、富有思想，而且谈论的话题大都"高、大、上"，动辄或是远景战略、基业长青、商业模式，以及今天最时髦的移动互联、云计算、大数据云云。的确，作为一个管理者要做企业造梦者，运营模式、战略很重要，学习和了解新技术引发的商业生态变化和营销变革非常必要，但这些"高、精、尖"的理论和具体的企业实践之间还存在着很大的距离，我更关心的是策略和思想能否接地气，能否切实地帮助企业解决具体问题，而不仅仅是流于书面的文字游戏，挂在嘴边的助兴谈资，需要的是"有用"。

我和赵崇甫相识是在筹划浙江物产燃料集团 60 周年庆祝活动时，赵崇甫的策划思路给我留下深刻印象。作为一位品牌营销研究专家，赵崇甫毕业于西南第一学府——四川大学历史系，从做广告策划起步，后来认识到广告对品牌打造的作用有局限，于是他将关注的领域延伸到品牌战略规划、定位策略、传播策略、新媒体、渠道策略等整个品牌营销系统，提出了"品牌树"品牌构建系统理论模型。但他不是钻进故纸堆不能出来的学究，而是能够随时迸发出思想火花解决实际问题的人。

崇甫认为企业做周年庆是非常重要的一次营销机会，周年庆大多离不开请客吃饭、歌舞升平、发发纪念品的范畴，这种方式很传统，既花钱又费事，五年一小庆、十年一大庆，除了纪念品留下，最终没达到理想效果。他的观点是：周年庆应该是一次企业品牌文化的营销，应该有一个鲜明的主题，然后围绕这一主题开展一系列的公关活动，特别是对于我们这种从事能源领域大宗生产资料流通的企业，这些活动应该有话题性，能够被主动分享，实现特定范围内的传播，如何把握这种机会才是本质。他为我们创意的主题是"浙燃六十年，温暖每一天"，非常契合公司的历史和文化，物产燃料集团的前身是刚解放时成立的浙江省燃料总公司，主要解决老百姓的生活燃料等物资供应，真正的民生任务，后来几经改组变革，现在是全国燃料流通企业的龙头，也都与能源物资有关，我们的任务就是带给消费者温暖和光明。

我在与崇甫接触中感到，他尽管是一个靠思想吃饭的策划人，但身上没有一般策划人的张扬个性，平时也不穿华贵名牌，更没有着奇装异服。或许，一个真正有思想的人并不需要外在的包装，而是一个内心强大，既仰望星空，又脚踏实地的人，他的思想就是企业家所需要的"有用"的能落地的思想。

赵昕东

浙江物产环能股份有限公司（世界五百强企业）副总经理

浙江省高级经济师评审委员会委员

浙江工商大学、浙江科技学院硕士研究生导师

目录
CONTENTS

卷一 ······001

三星会不会成为第二个索尼？······001
只有孤独才能不被打扰而一心向前······001
创意的另一种方式是真实的描述······002
盛大将来或许既不"盛"也不"大"······002
创始人的"一言堂"或是盛大式微的根本原因······002
专注，专注，还是专注······003
成也萧何，败也萧何，成功或是失败之母······003
绝对权威或致众叛亲离······003
靠法律只能挣点面子，靠实力才能赢得里子······004
即使他的思想正确，也需要做出努力，让自己的思想变成大家的思想······005
一个人最大的敌人不是别人，而是自己······005
挑好日子领证，是美好愿望还是内心的不踏实？······005
海鸥能否再次展翅高飞？······006
好品质不等于好品牌······006
打造品牌除了企业自身的努力外，还需要国家品牌做强有力的后盾······006
国家品牌对产品品牌影响深远······007
芯要强，感召力也要强······007
"海鸥"有机会成为世界名表，但过程将会很漫长······007
"海鸥"离奢侈品有多远？······008
打造奢侈品，光价格高就可以了吗？······009
"海鸥"成为世界名牌的机会在哪里？······009
"海鸥"如何才能翱翔世界？······009
意想不到的组合就是好创意······010
老板，你所忽视的内部公关······011
敌人的敌人就是朋友······011
"铛铛"走红，是否是当当网李国庆的杰作？······011

百胜真的百战百胜？ ··· 012

明星代言，知名度重要，内在精神一致更重要 ····································· 012

单挑世界 ·· 012

明星代言折射行业发展 ··· 013

鲨鱼为什么会吃"虾米"？ ·· 013

看清未来，才能制胜未来 ··· 013

《舌尖上的中国》如改成《中国美食》会如何？ ································· 014

接班人体系，我们准备好了吗？ ··· 015

极客是谁？ ··· 015

为什么你最好做极客？ ··· 015

平板电脑和手提电脑的未来 ·· 016

天猫是只无法无天的病猫？ ·· 016

机器人，制造业的未来？ ··· 016

你是选择大公司平庸的小组，还是小公司的精英团队？ ······················ 017

王传福的忏悔 ·· 017

有多少视觉暴力 ·· 017

苹果在左，谷歌在右 ··· 018

重建渠道信心 ·· 019

安全第一，速度第二 ··· 019

依靠直销模式，雅芳成为化妆品巨头，而今它正背离这一模式而向零售转变 ············· 019

新桑塔纳，能延续畅销30年的神话吗？ ··· 020

使用谷歌Android系统的手机品牌，需未雨绸缪做好两手准备 ················· 021

格兰仕集团发布"微波产业"战略 ··· 021

业务战略规划并无绝对的对与错，关键在于执行到位 ··························· 021

三线管理致无缝合作 ··· 022

手机与口红有什么关系？ ··· 022

一只老鹰的四次重生 ··· 022

借大号变危为机 ·· 023

富士康与麦德龙合作的万得城即将关门大吉 ······································ 023

常识的胜利···023
"德国制造"意味着什么？··024
阿里巴巴的战略性分拆··025
分化是倒退还是进步？··025
违背品牌规律，盲目战略扩张导致青年汽车赔了夫人又折兵·················025

卷二···027

信息海量、渠道多元，致信息从单向传播转向多维互动，营销要换思维了············027
不跟随，就对立···027
傍名牌，不明智···028
掌握规律，才能够化而用之···029
从家居卖场面临的挑战，看盲目扩张跟风的危害·····················029
借用名牌，看似聪明，实则愚蠢···029
陈光标再次借势"光盘行动"成功营销·································030
宽客的春天来了吗？···030
快递行业从加盟代理到总部直营转变···································030
欧莱雅男士护肤，是个好名字吗？······································031
王卫凭什么成为马云最佩服的人？······································031
家族企业如何才能避免由亲变仇的结果？·····························031
电子商务行业成动物世界，喜欢采用动物做标志·····················032
一旦传统形成，自然产生强大的力量···································033
克虏伯大炮的威力来自哪里？··033
土楼因土而洋···033
一唱一和，也是营销···034
鼓浪屿为何能在旅游景点中脱颖而出？·································035
品牌还是营销？···035

《泰囧》在美国很囧···035
旧貌换新颜其实很简单···036
去哪儿，简单直接的品牌名···036
耐克广告一语成谶，刀锋战士真的子弹出膛······················036
明星代言的底线在哪里？···037
技术领先 VS 品牌制胜··037
又一朵云··037
未来商业的趋势是一大一小两个极端·································038
聪明的耐克借刘翔失败营销品牌·······································039
宽容归宽容，底线得坚守···039
文字表述的先后顺序，透露出战略重心转移的玄机············039
大悦城如何欢悦地变大？···040
不同的行业，相同的规律···040
品牌诉求，其实很明显，以至于常常被我们忽视················040
今麦郎战略的机遇与风险···041
今麦郎是方便面，不是其它···041
六个核桃品牌命名秘密···041
六个核桃，充分发挥了"核"优势·······································042
魅族手机借势营销···043
世界最大社交网站 Facebook 如何训练新人······················043

卷三 ···045

大师蒙文通颠覆式创新的考试方法·····································045
再炫的说辞、再酷的广告，都成就不了品牌，品牌最终靠产品和服务支撑·········045
神九可以飞天，小小一罐奶粉却不能让人放心，这是对奶企和监管部门的强烈反讽·········046
娃欧商场试水借鉴（一）···046

娃欧商场试水借鉴（二）··046
娃欧商场试水借鉴（三）··047
娃欧商场试水借鉴（四）··047
娃欧商场试水借鉴（五）··047
娃欧商场试水借鉴（六）··048
娃欧商场试水借鉴（七）··048
娃欧商场试水借鉴（八）··048
娃欧商场试水借鉴（九）··049
娃欧商场试水借鉴（十）··050
娃欧商场试水借鉴（十一）··050
娃欧商场试水借鉴（十二）··050
娃欧商场试水借鉴（十三）··051
娃欧商场试水借鉴（十四）··051
渠道变革，蒙牛能否真正蝶变··051
德国作风，中国思维··052
男装还可以这样卖··052
"马尔代夫有美景，也有方便面"··052
方便消费者就是方便自己··053
创新品类，定位差异，东阿阿胶的桃花姬品牌概念不错····················053
细分消费人群，精准品牌定位，信息有效互动，才是未来的品牌出路········053
法海，你不懂南方的冷；格力，你真的很懂营销··························054
商业视频制作的灵魂在哪里？··055
SoLoMo+CloGlo 的未来，我们做好了准备吗？·····························055
索尼彩电扭亏的新思路··055
营造神秘，一种直击人心的营销手段····································056
我们应该有店小二的态度··057
转念一想，所有问题都蕴藏着好商机····································057
竞争到最后，依旧靠品牌··057
谷歌形象的不变与变··058

Twitter 信息与电视收视率之间存在相关性·····059
围绕焦点深入挖掘，将带来持续的机遇·····059
分众面临的挑战是如何进一步细分·····059
时代在变，审美在变，形象也应适时而变·····060
开发产品不能忘其本质·····061
产品定位错了，广告做得再好，市场表现也堪忧·····061
正话反说可变平淡为神奇·····061
免费时代下的收费，无疑是竭泽而渔·····062

卷四·····063

善意的谎言：愚人节的营销·····063
库克的狡辩·····063
大熊猫穿上太空服，憨态可爱立即变为成熟知性·····064
成都正在改变·····065
后来也能居上·····065
招商和培训，要学会造场·····065
别人看不上的，或许正是机会·····066
竞争并非一定非友即敌，非黑即白·····067
小而美，或许是未来企业的主流·····067
Acer 在社交媒体上有一个好名字 A sir·····067
要么变化，要么灭亡·····068
未来的广告得让用户自愿看·····069
不停地质疑，正是推动产品质量升级的力量·····069
内容 + 平台，贝塔斯曼与开心网结缘·····069
张裕对渠道掌控的渴望·····070

吉尼斯，60多年只做一件事情······070
简单商业模式成功原因是将内容做到极致······070
对原则的坚守，是吉尼斯的竞争力······071
主业做好，副业自己就会找上门来······071
分众电梯广告将遭遇极大挑战，收看率将会越来越低······071
"她"时代，"她"力量······072
救灾与管理······073
壹基金的成功之道······073
政商博弈下的健力宝······073
赢了官司，输了市场······074
找到共同的记忆，是《致青春》成功的根本······074
电商营销，向广度和深度持续发展······074
健力宝衰落的另一原因是品牌策略错误······075
名人时间拍卖：最大的价值不是现金收入，而是事件引发的广泛关注······075
尊重跨行业的建议······075
农夫山泉有点烦······076

卷五 ······077

体育造星也需科学定位······077
高校营销需放下身段······077
借势终失势······078
平等的沟通······079
电影消费正从感官向内心进化······079
去 logo 化或是伪命题······079
媒体不是法院······080

万科谨慎试水商业地产…………………………………………………081
"修合无人见，存心有天知"……………………………………………081
只有不断变化才能保持生命力…………………………………………081
爱国者越来越远离数码产品……………………………………………082
太美，未必真会美………………………………………………………083
标题的力量来自巧妙构思………………………………………………083
神化商业领袖，其实是门生意…………………………………………083
难在价值观的传承………………………………………………………084
苹果最新广告语的威力…………………………………………………085
有品位的周年庆…………………………………………………………085
最能打动人心的不是说教，不是道理，而是情感……………………085
新概念未必能成好生意…………………………………………………086
从建筑到社区，想象创造新生活………………………………………087
焦点在哪里，哪里就成为焦点…………………………………………087
阿里高层执行者的心态…………………………………………………087
品牌的生命力来自于市场中真刀真枪的搏杀…………………………088
设计越来越被重视………………………………………………………089
没准备好，或是死路……………………………………………………089
产品是根，资金是血……………………………………………………089
卖历史其实是卖生命力…………………………………………………090
飞虎乐购，飞不起来，也乐不起来……………………………………091
好视力，很短视…………………………………………………………091
神一样的回答，看似把公司的责任推得一干二净，其实是极其愚蠢的短视之举…………091
天下农博汇，批发大平台………………………………………………092
放弃该放弃的，学习该学习的，坚持该坚持的………………………093
盲目节约就是大的浪费…………………………………………………093
曾经的地王，现在的烈士………………………………………………094

卷六 ·······095

奇迹都是商业化的结果·······095
乐视借势，夏普着急·······095
东方树叶，你卖给谁？·······096
传统 4A 公司的挑战与变革·······097
广告信息精准投放应依靠数据·······097
广告中数字的力量·······097
微博诋毁商誉第一案：小米诉小辣椒·······098
为什么打仗要靠子弟兵？·······099
平衡的商业模式·······099
企业家和品牌联姻，一举两得·······099
上海很海派，香港渐边缘·······100
什么都不能想当然，要充分认识差异化·······101
关注核心专长而非利润·······101
针锋相对的 618 电商大战广告·······101
聚焦·······102
变悲剧为喜剧，让美梦都成真·······103
微软的变与不变·······103
电影与所植入对象的调性需一致·······103
凡客的婚外情，不是好战略的调整·······104
放弃新闻端，是基于战略的正确选择·······104
移动互联网的决胜点在活跃的用户数·······104
小米或许正在变成大米·······105
创意很简单，比如让大象洗汽车·······105
逆向思维，创新灵感的来源·······105
找准对手的核心定位，反其道而行，建立自己的竞争优势·······106
实干·······107
品牌需要文化浸润，也要时间积淀·······107
标志并非一定一成不变·······107

卷七 ······109

精准的数据，精准的定向传播······109
两种思维，两种结果······109
电影等商业艺术产品宜开发系列产品，实现品牌价值最大化······110
巨额广告预算，是行业大佬建立品类区隔和谋杀同行小品牌的惯用招术······110
快时尚，你有多快？······110
奥迪制造悬念，引发关注，主流媒体自动报道······111
华为的"三高"：高效率、高工资、高压力······111
台湾诚品书店与众不同······111
持续演进的台湾产业结构······112
精细加工，台湾制造业的努力方向······112
社会化媒体营销最应充分考量的因素······112
品牌更名也是战略调整的一部分······113
稀缺性和唯一性，产品成功的不二法门······114
商业模式也应与时俱进······114
线上或线下，都是问题······114
一棵小葱的大价值······115
索尼不再跟着中国品牌玩低价······116
创新成果必须受到法律保护······116
现代老子喊你回家······116
老子的思想很简单，嘴唇和牙齿就能阐述······117
日本微软的社长樋口泰行表示，微软用一个logo并不是明智的做法······117
思念，就在一起······117
做卡车司机比白领还好······118
奔驰的广告何以有吸引力······118
企业最可怕的是懈怠的疲劳症······118
品类分化宜启用新品牌······119
"就要这个味儿"比"就是这个味儿"好在哪里？······120

水井坊的命运···120
品牌提升重于销量提升···120
白酒作为特殊的产品，其"历史性"非常重要···121
新公关将以内容为主导···122
从经销商到直销，宝马新营销计划···122
高端汽车品牌为获独立发展应去母公司化···122

卷八 ···123

红米手机发布，表明小米的战略已经发生变化···123
一种创新的商业模式：一个办公位置也可以出租······································123
国家安全是最冠冕堂皇的拒绝理由···124
苏宁线上线下同价的策略非常厉害··124
"你贪了10万块钱，就算花1000万调查取证，也要把你查出来"···············124
尽管数据来路不明，但作为营销手段却很有效··125
大国企整合而成的航母是否具有强大持久的竞争力···································126
武林大会，要包装但更要文化··126
从恒天然事件中，我们应该学什么？··126
公关的核心在创意和设计··127
美国制造，或成为大卖点··128
品牌公关，客观中立的表述往往能赢得好感··128
不会营销，再好的技术也难成功··128
便利店的"便"和"变"···129
依靠一个主打产品很难长期立足···130
地产的两个决定条件：一是地在哪里买，二是产品定位和设计······················130
在品牌还未做到品类第一或第二时，不宜多元化······································130

多少企业跌入全产业链陷阱？……………………………………………131
冯仑说，只要我们还是人，房地产就是重要的事………………………132
创新就要 10 倍冲击力……………………………………………………132
停下脚步，重新思考………………………………………………………132
嚣张的"小三"广告，巧妙的悬念营销…………………………………133
策划的精髓：与顾客的关系近一点，再近一点…………………………134
一座城市如果不能发展更优质的产业，提供更多的就业机会和市政服务，建设以法制为基础
的城市文明，则既不能乐业，更不能安居………………………………134
更好的用户体验是推动产品更新的原动力………………………………134
让人启发的罗切斯特小镇…………………………………………………135
冯仑把房地产商业模式分成三个阶段，第一阶段是地主加工头，第二阶段是厂家加资本家，
第三个阶段是导演加制片…………………………………………………136
手机靠综合性能致胜，而非一项特长……………………………………136
房企饮的是苦酒吗？………………………………………………………136
营销首要的不是技巧，而是观念和精神…………………………………137

卷九 ……………………………………………………………………139

高德手机导航宣布全面免费，自我革命的背后是遵循互联网精神及游戏规则…………139
宜家，我们卖的不是椅子，而是崭新的生活……………………………139
新《商标法》即将实施，这对于企业知识产权、品牌建设与维护意义重大……………140
华家池地块的价值考量……………………………………………………140
万科北宸之光：定义大城北………………………………………………140
立体城市，冯仑的造城梦…………………………………………………141
苹果（中国）公司首次发布会被吐槽……………………………………141
效仿标杆，打造出世界第一………………………………………………141

商业地产营运是根本···142
赚点眼球的肤浅创意···142
荣耀与传承···142
炫酷的技术无法超越思想的力量···143
花 80% 的时间找人···144
无节操无内涵的地产广告毫无意义···144
商业应该是做好事的力量···144
机会藏在问题中，也藏在数据中···145
区域定价楼盘靠开发商品牌力···146
消费类品牌宜开发互补的系列产品···146
品牌宣传主题应方向一致而不断递进·······································146
太极推凉茶，决策或失误···147
天地品牌会有新天地吗？···148
成功真的可以复制？···148
重庆酉阳更精准的诉求···148
专注和坚持是品牌成功的不二法门···149
品牌主张与消费者需求不一致，导致光恋爱不结婚·························150
两个水果的不同命运···150
万达半年投资 1700 亿元的担忧···150
做最贵房子的开发商···151
实力，就是承认自己失败的能力···151
选择品类关键在于其内在价值能被多少人多频次消费·······················151

卷十···153

与大牌比邻而居，借以提升品牌价值·······································153

制造商与经销商的关系长久与否决定品牌是否发展顺利……………………153
要充分利用地域品牌,更要建立和强化自己的品牌………………………154
宅者, 人之本………………………………………………………………154
有趣只能暂时吸引眼球,有用才更能持久…………………………………154
山寨是一种值得提倡的精神…………………………………………………155
数据是个大买卖………………………………………………………………156
大牌也山寨……………………………………………………………………156
危机公关,得说清楚…………………………………………………………156
地产广告应回归创意本身……………………………………………………157
一站式旅游度假或成趋势……………………………………………………158
如何让团队一直保持向上的激情?…………………………………………158
高科技医疗器械也需借助传奇营销…………………………………………158
个人品牌核心点:身份 + 价值………………………………………………159
现代思想与古老工具嫁接就是创新…………………………………………160
国家服务能力也是竞争力……………………………………………………160
全球品牌百强榜中何时可见中国品牌身影?………………………………160
从问题的表象去追寻问题的根源,往往南辕北辙…………………………161
文化类品牌的内容第一………………………………………………………162
一招制敌,一剑封喉…………………………………………………………162
"一针见效" VS "一针见笑"………………………………………………162
男人不止一面,七匹狼有几面?……………………………………………163
明治奶粉似乎不明智…………………………………………………………164
大品牌也小器?………………………………………………………………164
文学作品植入广告,重新被重视的推销手段………………………………164
不能忽略老土的诉求…………………………………………………………165
央视是否变身物价局?………………………………………………………166
批判不如学习…………………………………………………………………166
对你来说,一个小孩的生命值 1 美元吗?…………………………………166
三一、中联打架别来真的……………………………………………………167

卷十一 ···169

热炒的概念最终还是要靠实用落地···169
品牌越强大，就越难移植···169
小米常规打法是社会化互动营销，现密集亮相央视，表明其开始重视传统媒介宣传，也或是有更大的战略构想···170
经营策略不断变换，但一直保持方向不变·····································170
PPTV能给苏宁带来什么？··170
《爸爸去哪儿》，成功在这儿···171
三马闯天下，何愁不成功···172
借申遗提升国家产品品牌形象，韩政府挺懂品牌运作··························172
企业家最应该向毛泽东学什么？··172
特斯拉和拓速乐，哪个更好？··173
万科入股徽商银行，喻示着房地产发展模式的变革····························174
纳爱斯营销新招：鲜明的价值观诉求 + 全媒体覆盖····························174
什么样的沟通方式才有效？···174
中医药如何国际化？···175
恒大冰泉，市场反应会是一壶冰泉还是一杯热茶？·····························175
恒大跨界之路或存坎坷··175
独立的人格才能创作真正有价值的作品···176
地域差异带来的价值···176
广告语并非一定简短就好···176
解决难题就在创造机会··177
你所应知道的用户体验精髓···178
收费变免费，竞争大杀器··178
有存在感，品牌才存在··178
国家使命 VS 市场规则？··179
江小白，一个白酒品牌传奇···180
品牌定位、价值观和形象必须统一··181

定位的关键是找准战略基点，让对手无法跟随……………………………181

卷十二 ……………………………………………………………183

娱乐明星推广功能性产品或是下策……………………………………183
关系效益最终给娃哈哈带来什么？……………………………………183
产品需升级换代，品牌诉求也应与时俱进……………………………184
马云主导房地产未来？…………………………………………………184
户外广告创意趋势………………………………………………………184
微信竞争，也要多一点…………………………………………………185
在复杂的世界了，一个就够了…………………………………………186
名人的商业价值…………………………………………………………186
小梳子，大生意…………………………………………………………186
淘宝送 3600 万的彩票，很土豪很营销…………………………………187
娱乐是终极的营销利器…………………………………………………188
话题营销所必须掌握的关键点…………………………………………188
千山万水，一屏之隔……………………………………………………188
是超级想象还是公关秀？………………………………………………189
苏宁向阿里巴巴叫板……………………………………………………190
收购是打败对手的最好方式……………………………………………190
中餐的出路………………………………………………………………190
技术 + 文化，汽车品牌的建设核心……………………………………191
出卖品牌的背后是使命的缺失…………………………………………192
小米 3 广告的秘密………………………………………………………192
针尖对麦芒的节奏，才会有观众………………………………………192
圈定在更小的品类，就圈定了江湖地位………………………………193

上帝的生意·················194
渠道下沉的本质是离客户近一些，再近一些·················194
中国首富心中的成功条件·················194
闺密营销的本质是利用情感放大销售量，增加回头率·················195

附一   使命：品牌的原动力·················197

附二   愿景：品牌要找北·················205

附三   核心价值：品牌要找魂·················213

跋   学习、分享、成长·················223

卷一

微论品牌 微时代的最佳品牌营销读本

 # 三星会不会成为第二个索尼？# 索尼、松下、日立等日本电器都是一个品牌下容纳了所有品类，但无一例外都陷入亏损，后劲乏力。虽然三星后来居上迅速崛起，但是，三星也如日本电器企业一样，没有为各个品类创建独立的品牌。随着三星产品线的持续扩张，用一个品牌来统领所有产品的战略或使其步日本电器衰落之后尘。

 # 只有孤独才能不被打扰而一心向前 # 喧嚣不属于创业者@当当网李国庆。奋斗是孤独寂寞的。但孤独是一种解放，寂寞也是自由。躲在上海公寓式酒店重读《约翰·克利斯朵夫》有感。上次读还是初三的时候。

创意的另一种方式是真实的描述 # 为创意而创意的广告往往让观众找不着北，真实的描述则更有说服力，更能打动人。UPS新广告走的就是真实路线："15件秦兵马俑、100件秦代珍贵文物、成功远征十万余公里，赴美国各地巡展两年，全程毫发无损……，任何普通货物，UPS都会视如珍宝，处处精心，及时送达。"

盛大将来或许既不"盛"也不"大" # 曾与百度、腾讯和阿里巴巴同为站在中国互联网之巅的盛大网络，已显露出疲态，面临着巨大的挑战，排行第二第三的高管出走、主营业务游戏毫无起色、寄予厚望的文学业务上市仍是雾里看花遥不可及，尝试影视、旅游、视频、移动互联网等新业务也毫无建树。

创始人的"一言堂"或是盛大式微的根本原因 # 31岁即为中国首富的陈天桥被资本追捧，被创业者仰望。年少得志，在赞美声中成长，早已习惯让自己的思想成为公司的明灯，让自己的指令变成不容讨论的法律，让自己的决定成为董事会的决策。或许，陈最需要面对的不是强大的敌人，而是自己的内心，"吾日三省吾身"。

#专注，专注，还是专注# 盛大网络曾被狂热追捧，随后陈天桥表示要以一点为中心，延伸到更多领域，做更多事情，先是网络迪斯尼的勃勃雄心，后是"盒子家庭"战略的远大目标，尝试了很多新产品，都是希望实现从内容提供商向平台商转变。不转型需要专注经营，转型后仍需要专注，最怕的就是多头出击而无重点。

#成也萧何，败也萧何，成功或是失败之母# 创始人的睿智、远见卓识及果敢的决断力会带来早期成功，但如果不常常自省自察，以为自己的决策永远正确或许正是失败的开始。2005年，盛大股价达19美元时，陈力排众议突然宣布游戏免费，豪赌成功树立了他在盛大的绝对权威，而这也正是盛大滑坡的开始。

#绝对权威或致众叛亲离# 据说，陈在处理争议时没有任何商量余地，会这样表达他的观点：如果还有争议，或认为这是没有价值的事，就马上离职。对内强硬，对外也强硬，在面对高盛这样的顶级投行时，他同样盛气凌人，不允许讨价还价。陈天桥绝对强势的结果是身为创始人的二号人物陈大年和三号人物谭钊群相继离职。

#靠法律只能挣点面子，靠实力才能赢得里子# 国家发改委对韩国三星、LG等六家境外液晶面板企业作出处罚，对这些企业2001年-2006年的价格垄断予以打击，责令退还、没收及罚款总额共3.53亿元。有媒体评论"深受伤害的国产电视品牌迎来迟到的安慰"。如果某个产业需要靠法律惩罚对手才能生存，如果国产品牌常常需要"被安慰"，那这个产业、这些品牌就很难真正发展。国产电视机品牌应视此为耻辱，知耻而后勇，研究产业发展趋势，注重原创的核心技术研发及市场营销，才能真正成为有丰富内涵，有强大生命力的品牌。

#即使他的思想正确，也需要做出努力，让自己的思想变成大家的思想#陈天桥的强势及绝对权威，让他倍感孤独，甚至很多时候只能一个人战斗。因为，其强大的说服力和权威并未让人真正心悦诚服，而他的强大的威力惯性只是让人屈服，下属会认为这是陈天桥的思想而不是他们的思想，真正执行起来多半会打折扣。

#一个人最大的敌人不是别人，而是自己#很多时候我们的困境并非是别人造成的，真正的罪魁祸首或许正是我们自己。我们不需要像唐·吉诃德那样拿起长矛和风车战斗，而是敢于尖锐地指向自己的内心，和内在的自我战斗。降服自己，放下执着与成见，虚心倾听各方意见，汇集众人智慧，而不是刚愎自用，一意孤行。

#挑好日子领证，是美好愿望还是内心的不踏实？#2008年8月8日，奥运见证，有用吗？2009年9月9日，天长地久，真能吗？2010年10月10日，十全十美，可能吗？2012年12月12日，要爱要爱，真爱吗？2013年1月4日，一生一世，做梦吗？如果真爱，什么时候都无所谓。

#海鸥能否再次展翅高飞？# 1955年制造出第一块手表的"海鸥"曾是中国最知名的手表品牌，但时过境迁，风光不再，她只是寂寞地在墙角独自神伤。尽管十年前就研发成功陀飞轮技术，成为全球第三大机芯制造商，但问题是连市场部都没有的"海鸥"，谈何建立品牌定位、产品规划、市场营销系统？要知道，现在早已不是产品制胜的时代了。

#好品质不等于好品牌# 好产品距离好品牌还很遥远，产品质量与品牌虽密切相关，却又有重大区别。产品质量好仅仅代表使用功能的优良，只是品牌的基础，是品牌的先决条件。品牌高于产品，除了品质优良外，品牌还有历史、文化、价值观、用户体验等丰富的内涵；且这些内涵要透过设计、工艺及气质展现出来。

#打造品牌除了企业自身的努力外，还需要国家品牌做强有力的后盾# 任何品牌无疑都会打上国家品牌的烙印，比如意大利的时装、日韩的电器、美国的高科技、德国的机械光学、法国的化妆品等。日本的西铁城手表质量无疑上乘，但对于喜欢奢侈腕表的消费者来说，最有吸引力的还是瑞士产品，因为瑞士是世界钟表之都。

#国家品牌对产品品牌影响深远# 尽管日本以精工制造著称于世，但是腕表再精工制造也难以攀上奢侈品的高峰。风行全球的"中国制造"，曾是低端廉价产品的代名词，短时间内很难让世界改变看法。尤其是中国制造的腕表，更难以打动消费者。很难想象，消费者会像抢购"瑞士制造"手表一样抢购来自中国制造的手表。

#芯要强，感召力也要强# 光有强劲的内芯，而没有强大的感召力，没有真正影响、打动消费者情感的品牌，再好的内芯也只能雪藏而无法闪耀光芒。海鸥是中国最大、全球第三的机芯制造企业，绝大多数机芯都卖给了成表同行。但是，机芯代工只能赚取微薄的利润，葛文耀在微博中还曝出"三分之二的机芯是亏损的"。

#"海鸥"有机会成为世界名表，但过程将会很漫长# 尽管海鸥手表有很多技术创新，拥有万年历表、轨道陀飞轮表和2.5毫米薄型自动表、自鸣八音盒表、同轴陀飞轮女表等具有完全自主知识产权的产品，但品牌的打造并非一蹴而就，需要长时间的积淀。如果上海家化能入主或葛文耀个人注资运作，或许能加速"海鸥"的名牌化。

#"海鸥"离奢侈品有多远?# 奢侈品除了顶尖的设计、昂贵的材料、尖端的工艺、领先的技术外,更为重要的是营造奢侈的气质。奢侈品牌与世界名牌不一样,它不光需要知名度(甚至不重要),更需要贵族般的气质,从内而外散发出真正超凡脱俗的优雅与高贵。贵族是需要三代才能培养的,奢侈品的打造也需要三代。

#打造奢侈品，光价格高就可以了吗？# "海鸥"推出过高达168万元一只的天价表，不过，市场惨淡，总共只卖出了两只。对于海鸥表来说，可以用"居然卖出两只"来表达惊讶。可惜相关报道没有指明买家是谁。是投资者还是关系户？奢侈品，顾名思义量要少，价要高，但高价只是奢侈品的特征之一，并非奢侈品决定因素。

#"海鸥"成为世界名牌的机会在哪里？# "海鸥"有可能成为国际大牌，其机会在于：一、历史悠久，新中国成立后的第一个腕表品牌；二、已成为全球第三大机芯生产厂商，技术及制造能力强大；三、如葛文耀或其它品牌商入主，能带入先进的品牌运营理念；四、中国成为世界强国，中国的品牌也将受到世界的认同与追捧。

#"海鸥"如何才能翱翔世界？# 一、"海鸥"继续在技术上创新，研发具有革命性划时代的产品；二、以现代品牌理念系统规划、运营品牌；三、对于短期投资者保持警惕，炒红了概念就当猪卖掉，绝对是奢侈品的恶梦。欧洲一些奢侈品牌都是家族传承而不纯商业化运作，只为了保持其品牌价值观能够得到严苛的贯彻。

#**意想不到的组合就是好创意**# 在"爱你一生一世"的日子里,看似八竿子打不到一块的马云和周星驰现身中国传媒大学,进行了既诙谐幽默又理性十足的思想碰撞,现场火爆。周星驰曾邀马云出演新片《西游·降魔篇》的孙悟空,如果马云真的答应,以两人的跨界组合造成的轰动效应,人气及票房自然不成问题。

#老板，你所忽视的内部公关# 在企业经营中，往往重视外部公关，透过一系列的营销、广告及赞助活动，营造良好的外部环境；而在内部，公关意识则基本没有。根本原因还是残存在大脑中的官僚主义作怪：反正自己是企业老大、是部门主管，自己说了就算数。事实并非如此，内部公关不够，很多想法都会不了了之。

#敌人的敌人就是朋友# 近传奇虎360即将与谷歌展开合作。奇虎不久前宣布正式进军搜索业务，但它必须面对强大的对手——国内搜索引擎领导者百度。作为搜索领域的新兵，奇虎要与江湖老大较劲创造"奇"迹，最佳的策略就是找到一个好帮手，而最好的帮手就是敌人的敌人，所以，它选择了百度的死敌——谷歌。

#"铛铛"走红，是否是当当网李国庆的杰作？# @古城钟楼自2011年10月26日起每隔两小时，就在微博上"铛铛铛"地敲起来，无聊得无以复加，无聊得登峰造极。因太超越正常人的思维而引发大量围观。是博主脑残，还是我们无聊？抑或是当当网精心布置的一个局？

#百战真的百战百胜？# 百胜集团旗下肯德基曝出骇人的饲料中添加违禁药物事件，洋快餐干净卫生靠得牢的印象大打折扣。东方既白作为百胜试水品牌的中餐，一看就让人不知所云，无论如何也和餐饮挂不上钩；不仅没有清晰的定位、核心产品与名称链接，也让人感到云山雾里，7年开出29家店的业绩基本可以宣告失败。

#明星代言，知名度重要，内在精神一致更重要# 身兼青年意见领袖、赛车手、作家三重身份的韩寒新近以超千万代言费签约户外运动品牌——骆驼。韩寒赛车生涯走过十年艰辛历程，才从寂寂无名成为中国场地赛、拉力赛双料年度总冠军，韩寒特立独行的个性和坚持与骆驼追求个性、勇敢、不羁、坚持不懈的精神一致。

#单挑世界# 韩寒亲自撰写代言的广告文案："山那边是什么？还是山。其实很无趣。不过，去过的才有资格说。单挑世界，骆驼凶猛。"好一个"单挑世界"！韩寒一直都是话题人物，从撰写的文章、发表的言论到成为赛车手，他似乎总是挑战者的角色，处于焦点却又孤傲地向远方迈进，真有"单挑世界"的勇气。

 # 明星代言折射行业发展 # 汪峰代言户外用品探路者，韩寒代言户外用品骆驼，越来越多的户外用品启用明星代言，显示户外用品已从弱小产业成长为大产业，而且正处于快速成长之中。随着社会的发展，越来越多的人开始涉足户外运动，户外用品的消费群增长迅速，这是一个值得投资的产业。

 # 鲨鱼为什么会吃"虾米"？# 阿里巴巴新发布的架构中出现音乐事业部，这个事业部由阿里收购的"虾米"构成。"虾米"五个创始人团队中有四人曾是阿里的骨干，在2006年阿里上市前放弃即将兑现的期权收益成立"虾米"，专注于音乐社区打造。阿里收购"虾米"是看好数字音乐未来的前景，"虾米"选择阿里是需要一个强大的干爹作后台。

 # 看清未来，才能制胜未来 # 数字音乐未来都将存放在云端，方便各终端使用，顺便也打击了盗版；音乐内容风格将呈现出更加多元化和多样化；音乐不光是用来听的，也是爱好者用来玩的；更多非专业音乐爱者草根音乐人将更深度参与；内容为王，有个性能共鸣的音乐将会有更好的收益；而平台的胜者还是QQ等用户数巨大的网站。

#《舌尖上的中国》如改成《中国美食》会如何？#
2012年，《舌尖上的中国》一夜爆红，彻底改写纪录片收视率不高的历史。抛开诸多其它成功原因不论，光是片名就很卖座。好名字和好广告语，一定具备形象、具体、易感知、有对比等要素，《舌尖上的中国》，在具体而微小的舌尖上承载起了中国的美食文化。

 # 接班人体系，我们准备好了吗？# 马云宣布将于 2013 年 5 月 10 日辞去 CEO 一职，做专职董事局主席。作为创始人要放下 CEO，需下很大的决心，一是情感上要能割舍；二是要选好接班人。一家上规模、有影响的公司，选接班人不是选一个人，而是建设一个接班人体系。马云早就在公司设立了组织部，专门负责干部的储备与选拔。

 # 极客是谁？# 极客是美国俚语"geek"的音译，原始词义偏鄙视的贬意。该词最早是形容计算机癖的自由思想和离经叛道的行为，后衍生为描述技术高超、对电脑和网络痴迷到不正常状态的电脑黑客。随着互联网的普及，这些行为怪异的人从社会边缘被历史推到舞台中央，被大众接受而成社会主流，极客已是"正常人"。

 # 为什么你最好做极客？# 极客主要形容像信奉宗教一样狂热地相信科技力量的计算机人才，他们将绝大部分时间用在技术研发上。除了互联网，每个领域都需要极客，需要崇尚科技、自由和创造的极客精神。顾名思义，极，极致也，只有极致才能居于巅峰。做极致的人，做极致的思考，做极致的事，创造极致的价值。

平板电脑和手提电脑的未来 # 懒惰的现代人并不想拎着"平板"和"手提"两样东西出门,未来两者将结合在一起,兼具两种电脑的功能。技术进步可以将两种电脑的功能集成在一起;采用云存储,硬盘内存不用做大。微软 Surface RT,以及即将发布的 Surface Pro 就兼具娱乐和办公功能,特别是后者完全兼容桌面程序。

天猫是只无法无天的病猫? # 近来,投诉天猫的消费者很多,但天猫客服往往会程式化地处理,常念"拖"字诀。时间一长,一些投诉者怒气就消了大半,如果金额不大,也就懒得再追诉;另一招是要求消费者拿出权威的鉴定报告,一句话就让大半追诉者丧失了追讨的耐心,尽显傲慢,充分诠释时尚高贵的品牌定位。

机器人,制造业的未来? # 国内键鼠第一品牌雷柏已大规模采用工业机器人,将 3000 人缩减到 1000 人,老板曾浩于 2011 年就说,今后雷柏就 1000 人。看似发疯的语言,折射出对自动化生产的渴望。机器人动作准确、规范,能吃苦耐劳,没有怨言,不会跳槽,将来机器人一定会替代绝大部分工业生产。你准备好了吗?

#你是选择大公司平庸的小组，还是小公司的精英团队？# 一些企业做咨询找顾问，总迷信大公司。现在制造业都不用人数来炫耀自己，咨询公司规模大还有什么意义？任何一个咨询项目，再大的公司也是派一个小组完成。且对项目负责任的话，也不能套用一个通用的模式，而必须由专家级人才深入调研后量身订制方案。

#王传福的忏悔# 王传福近日表示："必须承认比亚迪过去犯了一些错误，品牌宣传做得很欠缺，品质不够好，渠道扩张过快……"比亚迪跌入低谷给我们的启发是：一，必须有清晰科学的品牌顶层设计；二、不成熟的技术不能轻易投放市场；三、渠道建设不是简单招商，而要周密谋划和管理，既要招得来，更要管得好。

#有多少视觉暴力# 昆明长水机场大厅中上部布满很多粗大而扭曲的弧形造型，很不协调。这是视觉暴力，典型的为设计而设计，完全忽略了乘客的心理感受。行色匆匆的过客，需要简洁和舒适的空间缓解他们焦躁的情绪，人流量大的机场更应考虑到这一点。难怪，十天前昆明机场因大雾滞留的旅客会闹出很大的动静，或许与这种设计有关吧。

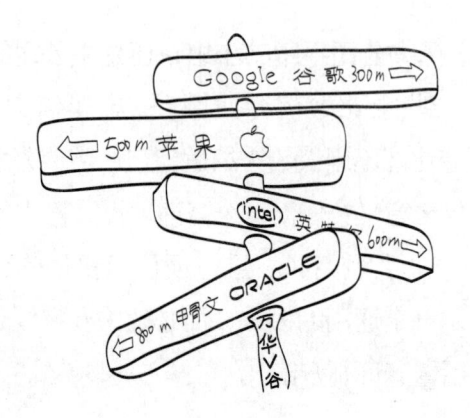

#苹果在左，谷歌在右# "万华V谷"作为中国一流产业运营商，不仅实力雄厚，运营模式上也有诸多创新，堪称中国产业运营平台的典范。但就是这样一家有思想、有远见的企业，在"酒香也怕巷子深"的年代，却因为没有统一的品牌名称而久居深闺无人识。万华控股集团旗下的产业园较多，但名称不一，有"科技园""创新科技园""新加坡低碳科技园"等，在信息泛滥的时代，传播信息太多无法形成营销合力。在飞象策划的协助下，产业园项目整合为"万华V谷"一个品牌，喻意为"品牌之谷（The Valley of Vanwarm），价值之谷（The Valley of Value），活力之谷（The Valley of Vitality）"。在品牌营销上，飞象策划以"住宅地产看万科，商业地产看万达，产业地产看万华"，纵向借势营销，进行产业占位；以"一城（天安数码城）二谷（联东U谷、万华V谷）三足鼎立"横向捆绑营销，确立行业标杆。这样不仅有效提升了品牌地位，更加速了品牌认知的实效营销。

#重建渠道信心# 惠普的策略和人事不断震荡，经销商的心情也随之一惊一乍，信心全无，相伴的是惠普在中国市场占有率的持续下降。惠普从联想挖来仪晓辉，老对手变新东家的角色转换，成为惠普本土高管第一人。惠普中国宜将以往分离的产品部门与营销部门进行整合，成为"一个惠普"，采取策略提振经销商信心。

#安全第一，速度第二# 孙宏斌曾放出豪言，说3年内超越万科成为行业第一，但伴随着顺驰的出售而化为云烟。东山再起后的孙带领融创中国，继续保持理想与激情，追求卓越和极致。但是经营理念已转为在稳健基础上平衡发展，不再执着于速度与规模，扩张方式从遍地开花，到处拿地变为只在少数几个城市运作项目，追求现金流等管控安全。

#依靠直销模式，雅芳成为化妆品巨头，而今它正背离这一模式而向零售转变# 其面临的困境不小：一、雅芳的品牌已经江河日下，号召力大不如前；二、专卖店因租金、人工成本上升或致经营困难；三、寄希望网络宣传而不投电视广告，对销售的支持力度会打折扣；四、零售与直销两种模式在同一区域很难和谐共存。

#新桑塔纳，能延续畅销 30 年的神话吗？# 大众或许正在犯错，投入巨资推广新桑塔纳，但恐难产生好效果。桑塔纳过去的成功是简单实用，但这也成为其现在及未来的负累。在很多消费者心中，桑塔纳是"土"的代名词，尽管新车经过重新设计，但明显笼罩着品牌老化的阴影，或陷入新老客户两不爱的尴尬境地。

 # 使用谷歌 Android 系统的手机品牌，需未雨绸缪做好两手准备 # 手机市场既是硬件之争，更是软件系统之争，谷歌收购 Moto，吸引它的当然不会只是它的专利技术，而是力图建立强势手机终端品牌，让 Moto 重振雄风，如果真如此，将迫使采用安卓系统的品牌去开发自有系统以分散风险，这对谷歌并非好事。

 # 格兰仕集团发布"微波产业"战略 # 2013 年，格兰仕称未来十年将以微波炉为龙头产业，整合全产业链，从综合性的家电制造集团向耐用品和快消品的产业集团转型升级，主要包括微波炉产品、微波炉器皿、微波食品三大类产品。首批微波食品包括营养早餐、能量午餐、经典晚餐和滋补甜品等二十余款，并于官网销售后全面上市。

 # 业务战略规划并无绝对的对与错，关键在于执行到位 # 遭遇微波炉市场困境，寻求突破无可厚非，但格兰仕需要注意的是：一、消费者心智中格兰仕代表微波炉，并不一定代表微波炉器皿和微波食品；二、微波炉器皿和微波食品并无公认的领导品牌，格兰仕应抢先占领；三、微波炉器皿与微波食品宜采用新的品牌。

三线管理致无缝合作 # 玫琳凯中国700余人管理数10万人的销售队伍，依靠的是三条线管理：一是销售队伍内部管理，各地授权经销商管理美容顾问；二是总部销售部管理，制定目标、策划文案、激励政策及组织年度销售大会；三是地区分公司辅助管理，处理协调对外事务，提供培训场地，走访及反馈问题。

手机与口红有什么关系？ #Oppo Ulike2是一款很漂亮而独特的手机，除了500万前置摄像头等强大的硬件配置外，其外观设计也标新立异。该手机借鉴香奈儿口红外观造型，机身上下两端加上金属装饰条，与左右两侧及正面的柳叶形金属相呼应，柔中见刚。外包装盒体上设计白色蕾丝浮雕纹理，让女人一见即倾心。

一只老鹰的四次重生 # 美国航空刚换新标，原机身上的红、白和蓝条纹被新标志及巨大的"American"取代，机身尾部则布满红蓝条纹。这已是美国航空的第五个标志，前四次分别于1934、1945、1962和1968年发布，但每一次改变均保留了老鹰图案，每一次换代在标示上比上一代更简洁。美航借新机型换标，重塑品牌形象。

#借大号变危为机# 2013年1月25日，罗永浩在微博中怒斥德克士盗版其创意："你已经多少次下定决心学好英语又半途而废了？跟不屈不挠的人在一起，坚持到底的可能性大一些"。德克士迅速向罗永浩表达歉意，并表示，德克士一直尊重创意，坚决反对任何侵权行为，将杜绝此类事件再次发生。德克士顺势营销了一把。

#富士康与麦德龙合作的万得城即将关门大吉# 富士康打通"最后一公里"的梦想再次落空。"代工之王"转身渠道并不华丽。其原因大致有：一、富士康没有强大的自主品牌作为号召；二、错过了国内3C连锁发展的黄金时期，环境已恶化；三、代工优势无法嫁接到渠道经营；四、进入新领域需足够的人才和经验储备。

#常识的胜利#《下一个倒下的会不会是华为？》一书以洋洋几十万言阐述了华为简单的成功理论。比如，在技术上投入的不遗余力；对客户服务的高度重视；建构内部公平的文化和激励机制；永远居安思危的危机意识等。这些看上去并非很玄的新名词，甚至只是常识，华为只是将别人挂在嘴上的常识做好就成功了。

#"德国制造"意味着什么？# 1871年德国统一后产品假冒伪劣盛行。1887年，英国议会通过了侮辱性条款，规定所有从德国进口的商品必须注明"Made in Germany"（德国制造），以此区分劣质的德国货和优质的英国货。倍感耻辱的德国人深刻反省，狠抓质量，历经数年努力后来居上。今天，"德国制造"意味着高品质。

#阿里巴巴的战略性分拆# 马云辞去 CEO 前，关于他退隐江湖的传闻甚嚣尘上，焦点大多在马云将如何退或退后是否垂帘听政，而阿里成立以来最大规模的组织变革却少有人关注。2011 年 7 月阿里形成淘宝、一淘、天猫、聚划算、阿里国际、阿里小企业和阿里云七大事业群，不到半年，又再次分拆为 25 个事业部。

#分化是倒退还是进步？# 阿里新体系由战略决策委员会（董事局负责）和战略管理执行委员会（CEO 负责）构成。阿里的分拆符合自然界规律：大自然总在不断地分化，一个物种分化为若干新物种；产品也在不断分化，一个产品分化为若干新产品。很多公司的战略恰恰相反，将很多业务整合到一起运营，结果事倍功半。

#违背品牌规律，盲目战略扩张导致青年汽车赔了夫人又折兵# 2012 年杜甫很忙，庞青年也很忙，四处出击扩张时焦头烂额面对亏损。十年前与德国尼奥普兰合作生产高档客车，一度占有国内市场 80% 的份额。随后，青年迈开大规模扩张步伐，进入乘用车领域，但品牌弱、产量少，而曾经领先的客车市场早被宇通等品牌占领。

卷二

#信息海量、渠道多元，致信息从单向传播转向多维互动，营销要换思维了#国内儿童牙膏第一品牌伢牙乐"寻宝奇兵"网络互动寻宝活动在寒假将至时正式上线。该游戏以《白蛇传》为蓝本，结合2013年农历蛇年主题，以一群小朋友解救白娘子为主线，植入护牙知识，设有寻宝之旅、新年许愿池、幸运大红包等板块。

#不跟随，就对立#芭比娃娃曾是全世界小女孩的至爱，近年有了一个强大的对手——贝兹。贝兹运用典型的对立策略而大获全胜，芭比贵族化，贝兹平民化；芭比端庄优雅，贝兹反叛嬉皮。对全球流行文化的准确把握让贝兹找到了挑战芭比的机会，乖乖女曾是女孩们的形象标杆，如今，她们不愿做听话的孩子，追求独立自主，甚至反叛。

#傍名牌，不明智# 金牌橱柜和金牌卫浴是一家？大自然地板和大自然木门是一家？诺贝尔卫浴和诺贝尔磁砖是一家？错！毫无关联。这只是简单的傍大款策略。更有甚者，如欧派橱柜和欧派木门，除了名称相同，连代言人都是蒋雯丽同一人，我们以为是同门两兄弟，实则一个在广州，一个在江山，八竿子也打不着。

#掌握规律，才能够化而用之# 本人很早以前就养成一目十行的读书法，自以为效率甚高，还因此洋洋得意。近来却觉得书不在读多，而在于读精。首先必须选择探讨规律的书，无论是什么学问，只有掌握了规律，才能灵活运用；其次要精读，作者在写作时，每一句话都有含义，但常常被读者忽视。只有精读，理解方能深刻。

#从家居卖场面临的挑战，看盲目扩张跟风的危害# 近两年来，国内市场主流的家居卖场不断爆出经销商撤场、品牌商关门倒闭的传闻。百安居、家得宝等外资品牌或削减店数或退出中国市场；国内的红星美凯龙、东方家园、居然之家等也生意冷清，频频关店。这显然又是前几年房地产火热时盲目跟风扩张留下的后遗症。

#借用名牌，看似聪明，实则愚蠢# 一、抄袭别人名号，得点小利，却失去了在江湖中树立自己名号的机会；二、没有独特的专属品牌，很难进一步发展壮大；三、城门失火，殃及池鱼，如欧典地板出事，欧典卫浴也遭退货；北京五家东方家园关闭，北京东方家园家居广场公司马上澄清："它是红门头，我是蓝门头。"

#陈光标再次借势"光盘行动"成功营销# 饱受争议的陈光标再一次站到了争议的风口浪尖。2月3日晚,陈光标向派出所递交申请,欲改名"陈光盘",以此号召大家节约粮食、节约用水、节约用电,春节、婚礼不放鞭炮等。此前,陈光标曾对外表示,自己已改名"陈低碳",妻子改名张绿色,两个儿子改名陈环保和陈环境。

#宽客的春天来了吗?# 从极客到宽客,层出不穷的新名词折射出现实世界的快速变化。随着中国金融衍生品市场的逐步开放,加之2008年金融危机爆发,一部分华尔街宽客到中国掘金,宽客开始变成中国一个时髦词汇。研究大量基础数据、建立投资模型指导交易的量化投资并非易事,宽客都在过冬,但似乎已有春的气息。

#快递行业从加盟代理到总部直营转变# 中国的快递公司初期为了跑马圈地,迅速占领市场,基本都采用加盟代理的营运模式。但总部和加盟商矛盾突出,总部为维护品牌而着眼长远,加盟商重眼前利益而牺牲服务质量,严重阻碍了品牌的进一步发展。继顺丰、圆通之后,中国最大民营快递申通展开全面的收权行动。

#欧莱雅男士护肤，是个好名字吗？# 明显的女性气质，卖的却是男性产品。为什么不开创一个专用品牌占据男士护肤新品类？这可是块巨大的市场。

#王卫凭什么成为马云最佩服的人？# 20年来每天14小时的工作，3个月没有创新和变革就感觉危机重重。始终坚持专业化发展，其它快递公司转型赚快钱时，王卫只关注如何提高标准化以改进用户体验，以及对团队强烈的责任感。即便在最困难的金融危机时，顺丰也没有裁过一名员工，他强调"收派员才是顺丰最可爱的人"。

#家族企业如何才能避免由亲变仇的结果？# 真功夫蔡达标与潘敏峰由爱侣变仇敌，三星李健熙与其哥姐财产纠纷，香港新鸿基兄弟阋于墙，很多家族企业都遭遇能共苦不能同甘的宿命。除了利益比亲情更重的道德评判外，更应该思考如何优化制度设计、明晰股权、规范管理，从根子上解决家族企业成长的烦恼。

#电子商务行业成动物世界，喜欢采用动物做标志#
去哪儿网是骆驼，Twitter 是小鸟，QQ 是企鹅，天猫商城是性感的猫。据说，京东的刘强东属鼠，猫能制服老鼠，因此，马云就将淘宝商城更名为天猫。京东商城反戈一击，于昨日推出新 logo。新标志神似一只狗，狗能压制猫，这是刘强东选择这一标志的原因吗？

#一旦传统形成，自然产生强大的力量# 春节是华人的传统节日，无论远在天涯、无论舟车劳顿，都无法阻挡华人的回家路。很多年的习惯养成才能形成文化，很多年的文化积淀才能形成传统。在企业管理中，我们往往直接宣讲大而空的口号，而忽视了从点滴着手培养员工的良好习惯；更没有将文化积淀成传统的意识。

#克虏伯大炮的威力来自哪里？# 购自1890年代的厦门胡里山炮台的克虏伯大炮，在1930年代居然击沉了日本"箬竹"级驱逐舰。经四十多年沧桑岁月，此炮已算是古炮，居然还有如此威力，让人惊叹不已。其精良的品质与克虏伯家族恪守时间、遵从纪律、执行命令的传统密切相关，也成为"德国制造"最有说服力的证明。

#土楼因土而洋# 福建西南部的崇山峻岭间隐藏着数以万计的土楼，堪称文化艺术瑰宝。外形或方或圆，造型奇特；巧用生土、竹木、石头等材料，循环再生，冬暖夏凉，是世上独一无二的大型生土夯筑的建筑杰作。除建筑成就外，更体现了"东方血缘伦理关系"，是"聚族而居传统文化的历史见证"，偏远在深山，影响全世界。

#一唱一和，也是营销# 因不服法院禁止"王老吉改名加多宝"系列广告的判决，加多宝大打感情牌，透过微博发布了"对不起体"，如"对不起，是我们无能，卖凉茶可以，但打官司不行"，引起包括经济学家许小年在内的众多网友评论转发。随后网上出现了王老吉的"没关系体"，一唱一和，甚是热闹。

#鼓浪屿为何能在旅游景点中脱颖而出？# 鼓浪屿风景实在一般，但风格各异的建筑、颇具特色的小店，深藏小巷的小吃，轻柔的海风和涛声，浸润着浓郁的小资情调，吸引着众多的游客云集于此。与同样小资的丽江相比，鼓浪屿有大海，它成功占据游客心智中"海边小资"这一独特旅游品类，个性鲜明，魅力自然无穷。

#品牌还是营销？# 很多企业主和市场人员并不清楚两者间差异，常混为一谈，更有甚者将品牌划归营销部门管理，与设计、生产、销售等部门平起平坐。营销强调阶段性的市场拓展和销售任务达成，而品牌则强调从战略高度规划市场及产品，将长期战略和中短期营销策略相结合。它包含营销但高于营销，指导着营销。

#《泰囧》在美国很囧# 与在中国创造有史以来华语片票房最好的成绩相比，《泰囧》在美国可谓颗粒无收。其原因主要有两个：一是电影作为文化产品，在外国市场的好坏深受国家软实力强弱的影响，而中国软实力远没有征服美国；二是电影所表现的当下中国都市人的生存状态，美国人没有感同身受，难以引起共鸣。

#旧貌换新颜其实很简单# 一听说战略，往往心生敬畏，仰面视之；一听说潮流，往往亦步亦趋，唯恐落后半步。如果一两句话说不清楚的战略，多半是大而空的概念；如果一味追逐太新的潮流，或许是陷入疲于奔命的盲目。看准一个大方向，找到一个立脚点，一点一滴持续改进就行。事情本身简单，被人为弄复杂了。

#去哪儿，简单直接的品牌名# 中国旅游业的第一波互联网浪潮成就了携程，第二波的领导者可能就是"去哪儿"。"去哪儿"凭借比价搜索和TTS在线交易系统，聚集了大批中小代理商抗衡携程，现在流量已超越携程，让百度都觉得挺难对付，干脆投资控股它。有大东家的支持，再假以时日，"去哪儿"很可能成为行业新的第一。

#耐克广告一语成谶，刀锋战士真的子弹出膛# 刀锋战士奥斯卡·皮斯托瑞斯是耐克的代言人，一款由其代言的广告画面左右侧的文字分别为"我就是枪膛里的子弹"和"Just do it"。没想到他居然将广告当成现实，真的从广告里走出来向女友扣动了扳机，射出了罪恶的子弹。励志英雄变身杀人狂魔，把全世界都伤了。

#明星代言的底线在哪里？# 明星代言是各大品牌的惯用招术，但难保明星不出意外。在明星出意外时，品牌商如何处理才最为妥当？对此，品牌商应该有自己的底线，但也应该有必要的宽容。如果运动员暂时受挫，成绩受到影响，品牌立马停止合作，将可能让消费者认为品牌商过于功利，也可能失去一次好的营销机会。

#技术领先 VS 品牌制胜# 畅销全球的 Ipod 由新加坡领先科技率先研发成功，屡造奇迹的 Iphone 和 IPad 技术来自诺基亚，为什么技术领先并未成就市场领先？因为"苹果"更懂品牌。领先科技以通用名作为品牌名即犯了大忌，而海量播放器新品类更应启用新品牌；做诺基亚的官僚们没有看到移动互联网趋势，将技术拱手让给对手。

#又一朵云# 苏宁电器发布公告称将更名为苏宁云商集团，这是苏宁去电器化的重大一步。苏宁认为未来中国的零售商业模式为"店商+电商+零售服务商"，苏宁必须加强线上与线下多渠道融合，发挥线上大入口和线下本地化服务的优势，全品类经营。可以预见的是，接下来苏宁电器的 logo 及形象系统也将更换。

#未来商业的趋势是一大一小两个极端# 随着信息技术的突飞猛进，云存储实现了海量数据的便捷交换，原材料和初级产品很容易实现集中采购，从而降低成本。另一方面，终端产品和服务，特别是直接面向大众消费的产品和服务更趋向个性化，单品销量将会变小，3D打印技术的日渐成熟又助推了个性化定制的更快到来。

 # 聪明的耐克借刘翔失败营销品牌 # 刘翔兵败北京奥运会,尽管当时耐克并非奥运赞助商,但聪明的耐克抓住这一全球瞩目的焦点,率先发表声明支持刘翔,并调动自身全球资源为刘翔医治。这一举动,既是对刘翔的安慰与鼓励,更让全世界的人们看到了耐克不惧失败,敢于拼搏的品牌精神,升华了人们对品牌的认知。

 # 宽容归宽容,底线得坚守 # 底线不坚守,将对品牌造成致命打击。第一条红线,不能犯法和犯罪,比如偷盗、枪杀、性侵等;第二条红线,不能欺骗大众,比如服用兴奋剂;第三条红线,不能有大众不能容忍的陋习,比如长期吸毒;第四条红线,不能有大众不能容忍的生活问题,比如不尊老爱幼等。

 # 文字表述的先后顺序,透露出战略重心转移的玄机 # 苏宁电器张近东在内部一次讲话中提到"没有线上就没有线下,有线下才能做更好的线上",以前的表述则是"线上线下相互融合"。线上线下相互融合,并未有厚此薄彼之意,甚至是偏向于传统的线下运作。而现在的表述,则将线上运营作为了线下的必要条件。

大悦城如何欢悦地变大？# 中粮投资的大悦城，计划未来5-10年开出20家，要实现这一目标，必须建立一整套标准化系统，包括品牌理念、市场定位、建筑设计、招商运营模式等。同时还要结合地域文化，在建筑设计方面结合地方特点，在品类方面引进当地特色品牌。当然，核心的任务还是围绕服务和用户体验做足文章。

不同的行业，相同的规律# 奇瑞因多品牌战略陷入危机，去年实施回归"一个奇瑞"战略，新近又裁撤了旗云事业部。春兰空调1994年即年产150万台，为行业第一，后来雄心勃勃地进入摩托车、冰箱、彩电、卡车，甚至金融领域，结果只开出了虚弱的花。专注空调的格力在春兰胡乱扩张之时悄然成就全球霸业。

品牌诉求，其实很明显，以至于常常被我们忽视# 凉茶的第一属性是什么？降火。可在王老吉提出"怕上火，喝王老吉"之前，凉茶品牌都围绕着"健康、传统"作文章。核桃的第一属性是什么？健脑。可是大寨核桃露却宣传"谁说过节不送礼，送礼就送真东西。大寨核桃露，真东西"。"真东西"真的是第一属性吗？

#今麦郎战略的机遇与风险# 据今麦郎市场负责人称,今麦郎将在面品、饮品和奶茶等品类上互通有无。看来,今麦郎还将在多品类产品共享单一品牌的路子上走下去。从短期看,饮品及奶茶等品类可借用今麦郎的知名度,能更快地在消费者面前混个眼熟。但从长远看,这是稀释今麦郎的品牌资产,混淆消费的认知。

#今麦郎是方便面,不是其它# 从"弹面""直面""拉面"到"炒面"等品类,今麦郎以创新姿态不断创造着新概念和新品类,风格鲜明,个性十足,在群雄纷争的方便面市场赢得了一席之地。在消费者心中今麦郎几乎成为方便面的代名词,从某种程度上讲,它是除康师傅和统一外的第三种方便面,地位堪与行业大佬相提并论。

#六个核桃品牌命名秘密# 从 3000 万到近百亿,六个核桃只用了 5 年时间。除定位及渠道建设的成功外,六个核桃品牌命名也可圈可点。六个核桃用数字命名,简单明了,与大寨、金保罗等竞品风格迥异,既便于消费者记忆,也容易让消费者产生联想,以为一罐核桃露由六个核桃加工而成,暗示产品量大料足,值得信赖。

"核"能量

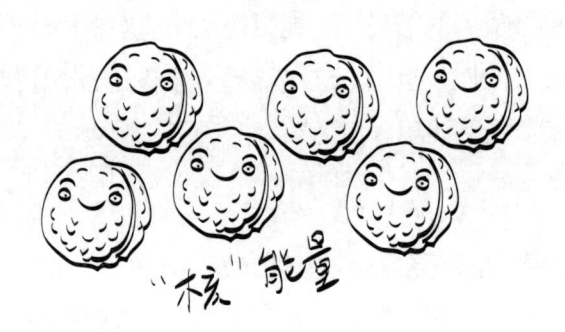

#六个核桃，充分发挥了"核"优势# 六个核桃具有"好喝、营养、方便、易吸收"的优点，但核心优点是补脑健脑，于是其品牌诉求就用"经常用脑，多喝六个核桃"，轻易精准锁定学生和白领等经常用脑的消费群。将产品最核心的优点挖掘出来，就是最好的卖点，也是最好的定位，具有不可思议的"核"能量。

 # 魅族手机借势营销 # 周鸿祎推出 360 特供手机后，在网上与雷军大打口水战，批评小米手机返修率高等毛病，给小米贴上了"期货手机"的标签。简单形象的"期货"标签易于传播和记忆，因此，魅族借势小米"期货手机"的高知名度，反其道而行之，提出"非期货"概念，魅族在新品 MX2 发布会上表示"不卖期货手机"。

 # 世界最大社交网站 Facebook 如何训练新人 # 一、每一个新人都要进入新兵训练营学习，前 3 周了解公司文化、产品和运营，后 3 周则根据学员专长选择培训项目；二、每周导师都要对学生进行评价；三、学员 60% 的时间用于修改错误代码，这是融入公司的最佳方法；四、让学员认识到他们拥有直接改变 Facebook 的力量。

卷三

#大师蒙文通颠覆式创新的考试方法# 蒙文通先生考试不在教室，而在四川大学旁边的望江公园茂林修竹之间；不是出题考学生，而是学生出题考先生。往往考生的题目一出口，先生就知道学生的学识程度。学生提问的前提是有丰富的专业知识储备和敏锐的思辨能力，有什么样水平的学生才能问出什么样水平的问题。

#再炫的说辞、再酷的广告，都成就不了品牌，品牌最终靠产品和服务支撑# 聚美优品在化妆品垂直电商中非常擅长营销，聚美优品 CEO 陈欧曾自拍广告片为网站代言，并选择社会化营销，赚足了眼球。但 2013 年 3 月 1 日零时开始的促销活动，却让消费者领略到什么是发疯的失望：网页打不开、库存太少、熬夜抢购却发现缺货。

#神九可以飞天，小小一罐奶粉却不能让人放心，这是对奶企和监管部门的强烈反讽# 2013年年初，香港实施禁奶令，内地多人因违规携带奶粉出境被捕，引起强烈关注。内地年轻妈妈不远千里费尽周折从香港购买"放心奶"，其根源在于国内奶企频现质量丑闻，让我们感叹"世界最遥远的距离，是孩子在怀里，而奶粉在对岸"。

#娃欧商场试水借鉴（一）# 杭州钱江新城娃欧商场成为娃哈哈试水商业地产的第一个作品。充满希望并抱乐观态度的宗庆后，不得不面对开业后"门庭冷落鞍马稀"的现实。客观上有2012年零售业整体萧条的大环境原因，但娃欧商场在定位、模式、命名、选址、布局、形象设计等方面均存在问题，这才是遭遇冷遇的根源。

#娃欧商场试水借鉴（二）# 娃欧商场定位是欧洲精品商场，但按宗老爷子的想法是从"五道贩子"变成"二道贩子"，减少流通环节，将价格降下来。如果真的实现了低价和平价，那它还是欧洲精品店了吗？对于奢侈品牌，价格是重要的支撑要素，如果价格降低了，品牌就失去了一个支撑点。低价与精品品牌划不了等号。

#娃欧商场试水借鉴（三）#二三线欧洲精品，在消费者心中还是大牌吗？宗庆后的想法是引进欧洲的二三线品牌，这些品牌也有着上乘的质量和声誉，性价比很高。质量暂且不论，这个声誉可能仅限于欧洲某国，中国消费者不见得会买账。而性价比高估计也仅是相对于世界顶级奢侈品而言。

#娃欧商场试水借鉴（四）#整一个听都没有听说过的品牌，还制定与国内一线品牌相比不菲的价格，还有什么性价比优势？因此，宗老爷子"更符合中国普通消费者的需求"的立论又是不成立的。对于消费者来说，陌生的品牌就等于没有品牌。只有经历过很长时间的市场培育，消费者才可能慢慢地接纳这些品牌。

#娃欧商场试水借鉴（五）#"要搞就要搞有特色的，这样才能后来居上"，这是宗庆后一贯奉行的生意经。但娃欧商场似乎并没有显著的特色。同处杭城的杭州大厦定位高端，是有钱人消费的地方；银泰百货，年轻时尚；万象城业态多样，配套餐饮、影院娱乐等设施；奥特莱斯经营折扣品牌；娃欧商场的特色在哪里？

#娃欧商场试水借鉴（六）# 娃欧商场错误的布局设想。按宗庆后的设想，娃欧商场将来会在一、二、三、四线城市齐头并进，自建和租用相结合，形成以国际精品商场、儿童专用商品商场及吃喝玩乐为一体的城市综合体。想象够大胆，但乍一听，宗老爷子似乎在谈几块钱一瓶的饮品的市场规划，而不是真正建设欧洲精品商场。

#娃欧商场试水借鉴（七）# 的确，娃哈哈以前透过渠道策略获得了巨大成功，娃哈哈成为知名品牌，宗庆后本人也成为中国首富。但过去成功，并不意味着将来一定会成功。尝试新领域，过去的成功经验，可能正是未来失败的根源。几块钱的饮品，大城市和乡村市场差不多，但与奢侈品沾边的精品，城乡差距太大了。

#娃欧商场试水借鉴（八）# 由于定位不准，直接导致一部分商家会采取观望的态度，因此，首家开张的杭州店，品类比较单一，主要以服装、箱包和手表居多。成熟的百货商场则拥有更多的品类，比如家电、家纺、化妆品、日用百货等。而娃欧的单店面积也显大，看似招商已满，实则商户数不多，坪效并不高。

#娃欧商场试水借鉴（九）# 中国人热衷从欧洲购买奢侈品，不仅仅是因为那里比国内卖得便宜，而是能够向别人炫耀这是从欧洲某地购买的。在中国人的观念中，有时候在哪里买比买什么更重要。在中国某乡镇的娃欧商场售卖一件欧洲的精品，的确需要巨大的想象力。也许，很多年后这可能成为现实，但不是现在。

#娃欧商场试水借鉴（十）#娃欧的选址也欠考虑。选址对于商业地产来讲，事关生死存亡。沃尔玛创始人驾着飞机从空中俯瞰选址，肯德基派人蹲守统计过往人流并非博人眼球的虚夸。娃欧钱江新城店紧贴主干道，一侧靠近桥头，车辆进出不方便；而尊宝大厦所在的钱江新城CBD商圈并未真正形成，客流并不多。

#娃欧商场试水借鉴（十一）#娃欧商场的命名有点怪。它的命名，从字面理解是"娃哈哈"与"欧洲精品"的简称结合体，这两个似乎很难找到共同点的名字组合成的品牌名有点像怪胎。娃欧，似乎有点偏女性，同时也并不高档，调性与其售卖的欧洲精品并不一致。为何一定要跟娃哈哈扯上关系呢？

#娃欧商场试水借鉴（十二）#娃欧标志的设计真的有点土。娃欧标志的设计调性与欧洲精品的调性也不一致，最要命的是它还将娃哈哈三个字组合在一起，就是土上加土了。"娃哈哈"三个字是海报字体，有点卡通味，它的下面是白色的英文WAOW PLAZA，右侧的"娃欧商场"用的是粗大的综艺体，红颜色，毫无时尚感。

#娃欧商场试水借鉴（十三）# 既然娃欧商场定位欧洲精品，那么，其内部的装修格调也就要有欧洲的风格，给人的感觉应该是简洁、时尚、贵气的。事实上，大部分的门面装修风格大同小异，似乎是一家公司设计完成，没有考虑到应突出不同品牌的个性。招牌照明居然采用射灯，导视牌采用红色主调，缺乏设计感。

#娃欧商场试水借鉴（十四）# 娃欧钱江新城店作为娃哈哈试水零售业或商业地产的第一个项目，存在一些问题是很正常的。问题的关键是，娃哈哈及其领导人运作思维是否能够变革。娃哈哈所熟悉的产品经营，与商业地产和零售业有很大的不同，运作模式也迥异。娃哈哈必须以新的思路和策略来打一场前所未有的商战。

#渠道变革，蒙牛能否真正蝶变# 孙伊萍上任，对蒙牛动"大手术"，其中之一就是改革销售渠道。蒙牛原有渠道是传统的层级模式，由区域经理、省区经理、城市经理、普通业务代表、经销商等组成。采用这一模式，高层往往不能迅速、准确地掌握一线的信息，决策变得迟缓和被动，营销人员也容易勾结经销商产生腐败。

德国作风，中国思维 # 宝马集团大中华区总裁兼首席执行官史登科在8年任期内，将宝马年产量从1.5万辆提升到30.3万辆。史总早年留学中国，深谙中国人的思维方式，但行事作风又很德国，因此，他在保持德国人严谨的同时，又能很好地结合中国国情不断创新。比如，他推动总部研发生产宝马5系加长版轿车，单一车型年销量就超过10万辆。

男装还可以这样卖 # 国外某品牌男装做工不错，市场却不买账。后来采用新策略，与顾客建立良好的沟通关系：一、专卖店增加一些稀奇古怪的玩具，营造风趣的氛围；二、引进其它一些品牌，比如皮鞋、牛仔裤、手表等；三、在店里展出当地艺术家、摄影师的作品；四、出版《男人应该知道什么》一书在店里出售。

"马尔代夫有美景，也有方便面" # 为防止中国游客吃自带的方便面而不去餐厅消费，马尔代夫一些酒店撤掉了中国游客房间的热水壶，这实为因小失大的下策。较合理的做法应是改进饮食以符合中国人的口味，让中国人看美景享美食，流连忘返。如果再简单点，干脆在酒店房间里摆上方便面出售，搞笑一点就用本标题在中国宣传，以吸引游客赴马旅游。

#方便消费者就是方便自己# 福牌阿胶在终端药店推出打粉服务，成功解决了阿胶质地坚硬、煮熬困难的问题。现场打粉服务引来众多消费者围观，让本来青睐东阿阿胶的消费者转向福牌阿胶。东阿阿胶不肯示弱，也跟进推出打粉服务，福牌阿胶就升级为"现场煎膏"，弥漫的香气和免费代熬，福牌在这轮竞争中胜出。

#创新品类，定位差异，东阿阿胶的桃花姬品牌概念不错# 福牌推出阿胶膏，解决了阿胶难熬煮的问题，但和普通的阿胶相比并无本质差异。东阿阿胶看准机会，推出桃花姬，加入芝麻、核桃成分，除益气补血外主打养颜美白功效，成功与福牌阿胶膏进行了有效区隔。桃花姬这个名字也取得不错，与女性美颜的概念相契合。

#细分消费人群，精准品牌定位，信息有效互动，才是未来的品牌出路# 移动互联网带来社会化媒体的兴起，深刻改变着消费者获取信息的方式，消费者不再是信息的盲从者，他们更加追求新潮和个性，喜欢自我表达，喜欢与品牌互动。如果商家不认识到时代在变，消费者在变，还是按老套路出牌，营销效果必将大打折扣。

#法海,你不懂南方的冷;格力,你真的很懂营销#
重庆某地现格力广告牌,主广告语是"法海,你不懂南方的冷",这一句式来自因《忐忑》而红遍大江南北的龚琳娜新歌《法海,你不懂爱》;副广告语是"北方有暖气,南方有格力",借势去年冬天南方偏冷,引起业界讨论南方是否应该供暖的热点话题,让人印象深刻。

商业视频制作的灵魂在哪里？# 微电影等商业用途的病毒视频，依然是以内容取胜，好看和有用是两个最重要的要求，或爆笑、或情深、或有用，故事要好观众才愿意转发。同时，视频中所表达的主题及风格必须与植入的品牌个性相匹配，以增进品牌与消费者之间的良性互动。显然，视频服务委托制作公司而非策划公司欠妥。

#SoLoMo+CloGlo 的未来，我们做好了准备吗？# 美国 KPCB 风投公司合伙人约翰·杜尔（John Doerr）第一次提出了"SoLoMo"，即 Social（社交）、Local（本地化）和 Mobile（移动）的结合，这三个热门词汇被认为代表着互联网的未来发展趋势。当然，互联网还离不开 Cloud（云计算）和 Global（全球化战略）两个关键词。

索尼彩电扭亏的新思路 # 索尼彩电已经连续九年亏损，它希望借助 4K 高端技术打翻身仗。索尼面对电视智能化潮流，认为电视的根本在于画质、音质，在 5-7 年的使用期间，智能设备已更新了几代。索尼彩电应加强与手机等移动智能设备的连接，借力实现与最新应用的同步，而不是加装一些很快就过时的芯片。

#营造神秘，一种直击人心的营销手段# 人性喜欢探究神秘，越神秘越想探究，越是秘方越觉得可信。可口可乐的配方锁在银行的保险柜，24小时严密看守，营造了神秘感；印度曝出有毒可乐之后要求其公布配方，它不惜退出印度市场以抗议政府的裁决，强化了神秘感；江湖郎中们打着"祖传秘方"的幌子本质上就是营造神秘感。

#我们应该有店小二的态度# 网络狂人刘强东曾在一次内部培训中讲道：京东的声誉已今不如昔，京东应该学习店小二的服务。店小二是干什么的？就是给人端盘子、抹桌子、姿态很低的人。不能认为卖家是靠京东平台赚钱而俯视他们，应该用店小二的态度服务好客户。现在京东的客户定义包括消费者、供应商和卖家。

#转念一想，所有问题都蕴藏着好商机# 因为人们不快乐，所以以快乐为主题的电影大受追捧；因为频频曝出"毒奶粉"问题，所以让人安心的洋奶粉大受欢迎；因为我们无聊的时候真的很无聊，所以让人"有聊"的QQ大赚其钱；因为PM2.5值居高不下，可以想见的是未来有助于环境改善的产业将得到大力发展。

#竞争到最后，依旧靠品牌# 京东CMO蓝烨表示，2013年京东将不再单纯追求低价竞争。近年来风起云涌的电商，因渠道及人员成本优势，加之争夺市场心切，都祭出低价大旗以吸引客户。但长期低价无法构建良好的行业生态，企业也缺乏持久活力，电商已从价格竞争进入客户体验竞争阶段，最后将进入品牌竞争阶段。

#谷歌形象的不变与变# 2012 年全球最佳品牌价值排行榜，谷歌名列第四，在互联网行业中排名第一。尽管谷歌是创意型的公司，但他们听从品牌专家的意见保持理念和形象的长期一致；但在保持基本形象不变的前提下，一些重大节日或特殊日子，其标志或改变色彩或添加一些图案，以体现谷歌的创新精神和人文关怀。

#Twitter 信息与电视收视率之间存在相关性# 电视收视率调查公司尼尔森研究表示，Twitter 访问量与电视收视率之间存在相关性，至少 80% 的美国智能手机和平板电脑用户会在看电视时使用这些设备，剧情信息访问量与收视率之间存正比关系。广告主应该重视这一现象，以使自己的营销广告投入更精准，产生更大的效益。

#围绕焦点深入挖掘，将带来持续的机遇# 格力空调在成为空调霸主后将遭遇行业天花板，但睿智的格力一直没有脱离自己的焦点——制冷和供暖。格力看到传统集中供暖方式带来严重污染，应该从单纯供暖进化到清洁式供暖，历经四年研发出了"双级变频热泵技术"，或将带来供暖方式革命，从而带来巨大的商机。

#分众面临的挑战是如何进一步细分# 这是分众传媒江南春的自我追问，也是分众传媒持续努力的方向。所有的客户都希望以尽可能少的投入产生尽可能大的效益，除传播内容的精准策划外，传播的媒介也需要精准选择。比如，电器商应选择在刚交付的楼盘，因为入驻要买电器；或年代较久的社区，因为要抓住电器换代的商机。

#时代在变，审美在变，形象也应适时而变# 近两年世界品牌迎来换装潮，LG、微软、卡夫、百思买等国际大牌纷纷优化标识。百事可乐也完成了自1997年以来的首次变装，除瓶身全新设计外，终端陈列、饮料冰箱、运输车辆等都更换了统一的视觉系统。企业在实施VI系统时，应灵活掌握变与不变的尺度，不宜僵化。

#开发产品不能忘其本质# 按常规市场细分观点，推出女性啤酒应是不错的选择，但嘉仕伯推出 Eve 品牌，荔枝、葡萄柚和蜜桃三种口味，低酒精、花字体 logo 及花卉图案，饱含浓郁的女性感觉，上市后并未达到预期。消费啤酒的女性大多在夜场，喝啤酒不是展示自己的优雅，而是追求微醉的状态，而这才是啤酒的本质。

#产品定位错了，广告做得再好，市场表现也堪忧# 新桑塔纳的广告活动分为三波，据称每一波的投入和推出一款新车型差不多。广告的第一波为回顾，旨在唤起人们对桑塔纳的回忆；第二波为回归，强调德系血统；第三波为上市，主题为"真实被唤醒，一切善与美都将复兴。"不过，桑塔纳是否真能复兴还得看消费者是否买账。

#正话反说可变平淡为神奇# 巴蜀鬼才魏明伦认为成功的秘诀是："喜新厌旧、得寸进尺、见利忘义、无法无天。"他这样解释："喜新厌旧就是创新不守旧；得寸进尺就是不满足已取得的成绩；见利忘义是眼中有利于时代、有利于观众的追求，没有僵化、陈腐的教条；无法无天是不受陈旧的条框束缚，大胆突破。"

OH, YES, it's Free

#免费时代下的收费，无疑是竭泽而渔# 在互联网时代，很多产品和服务都是免费的。凤凰古城却逆时代潮流而动，启用通票制度，导致游客锐减、部分商家歇业，并引发群体性事件。景区靠门票收费是一种简单且落后的运营观念，不是站在消费者立场制定的策略，当然不能获得支持。消费者到一个景区，绝不只是想看一下风景。他们有更多的需求，而下功夫去研究他们的需求，创新产品和改进服务，才能真正树立品牌，渴望获得持续的收益。

卷四

微论品牌 微时代的最佳品牌营销读本

善意的谎言：愚人节的营销 # 愚人节对于绝大多数人来说，只是搞点小恶作剧、开开玩笑而已。但有些品牌却借此营销一把。比如，1996 年，美国的快餐品牌塔可钟放出风声准备收购自由钟，虽然不可能，但其成功将自己与象征自由精神的国宝挂上钩。尽管后来为了平息示威者的愤怒，塔可钟捐赠了 5 万美元，但知名度却由此而大增。

库克的狡辩 # 在强大的舆论压力之下，被消费者批评傲慢的苹果终于道歉，但其措词却很有意思。CEO 库克在致歉信中说："我们已意识到，由于在此过程中对外沟通不足而导致外界认为 Apple 态度傲慢，不在意或不重视消费者的反馈。"不是苹果的服务不好，都是"沟通不足"惹的祸，一句话把先前的责任全推掉了。

"Can Do！ Chengdu！"

 # 大熊猫穿上太空服，憨态可爱立即变为成熟知性 # 成都希望借此形象传达它不仅仅有漂亮的川妹子，不仅仅是旅游休闲城市，还是一座由思想和科技支撑的拥有无限发展潜力的未来之城。

#成都正在改变# 成都曾是美食、休闲的代名词，但随着2013年全球财富论坛的落户，成都正悄然改变着自己的形象。成都的宣传片由Intel、GE和马士其作为代言，通过BBC、CNN和彭博社等国际知名媒体以及新加坡、香港等国际机场投放，非常注重国际推广。成都正以现代化、国际化的"财富之城"新貌向全球华丽展现。

#后来也能居上# 一般情况下，先行者总比跟进者多一些优势，但情况并非总是如此。后发也有优势，因为落后而没有开发的原生态资源，会因为未被破坏而价值倍增；因为与先行者差距太远，跟进者追赶无望，干脆换一种全新的思路，反而有可能实现跨越式发展，成功弯道超车。所以，"后来"不能成为后进的理由。

#招商和培训，要学会造场# 听上去很玄乎，其实很容易理解，"造场"就是营造一种氛围，尽管它看不到摸不着，但是其中的人能感受到，能够被它影响，甚至被它左右。集中很多人一起培训，目的就是造一个正能量的场，调动学员更积极主动；集中很多人招商，就应营造一种热烈的场，感染参会者加速理解行业和产品。

#**别人看不上的，或许正是机会**# 众多白酒知名品牌都将眼光朝上，为寻求品牌溢价不断提价，但没有一个知名的全国性低端白酒品牌。"老村长"看准这个机会，不走中高端路线，客户群定位在农民及工薪阶层。尽管定位低端，却目标高远，着眼全国，专注深耕县、乡、村三级市场。在形成高知名度后，其销量将非常巨大。

竞争并非一定非友即敌，非黑即白 # 长虹推出 U-MAX 客厅电视，具有出色的人机智能交互功能，语音控制出色，甚至能识别广东、湖南、四川、河南、东北话等多种方言，真正实现"君子动口不动手"。该功能能够非常方便地与手机、Ipad 等智能终端连接使用，电视、手机、Ipad 间的竞争关系马上解除，竞争者变成了联盟者。

小而美，或许是未来企业的主流 # 传统大而不强的企业，未来或许会遭遇挑战：一、消费者越来越崇尚自由和个性，希望拥有个性化的产品；二、随着 3D 打印技术的成熟和普及，个性化产品在绝大多数行业成为现实；三、电子商务深入发展，特别是移动互联网的普及，消费者通过网络来定制喜欢的产品将成为习惯。

#Acer 在社交媒体上有一个好名字 A sir#A sir 与 Acer 谐音，听上去很生动，也很有质感，且 A sir 拟人化了，用户在面对账号时感觉似乎是在与一个友好的男人聊天。最近，为推出新智能手机 E1，A sir 展开了一轮社会化营销，在微博与微信两个平台互动，其中利用微信进行哼唱歌曲识别的人机互动应用的宣传效果尤佳。

#要么变化，要么灭亡# "一个战略不可能永远适用，要么变化，要么灭亡。"迈克尔·戴尔这样说。戴尔凭借直销模式和高效的供应链管理，曾在PC市场叱咤风云。随着消费市场发生改变，戴尔业务严重下滑，被迫谋求从销售消费产品向企业提供完整的解决方案转变，帮助客户优化基于云的系统、安全的IT管理。

#未来的广告得让用户自愿看# 资讯越来越发达，用户对各种广告资讯已经形成条件反射，一看到此类信息马上切换，强制性广告将没有市场。未来广告的挑战和机会在于找到好的广告方式，让用户自愿看。可口可乐聘请一赛车手装扮成初驾者，试驾过程中做出各种高难度动作，4分钟的长度，获得了3300万次点击量。

#不停地质疑，正是推动产品质量升级的力量# 2013年4月，农夫山泉被推到风口浪尖，被质疑水质不如自来水。农夫山泉回应称自家产品砷、镉、霉菌和酵母菌低至无法检出，怒斥这些报道都是某同类品牌企业为打击农夫山泉而蓄意策划的。真相是什么？现在我们无法确知。但至少因为两个品牌的论战而让公众关注瓶装水安全。

#内容 + 平台，贝塔斯曼与开心网结缘# 贝塔斯曼旗下拥有诸多母婴类资源，比如网站、APP、杂志和脱口秀等节目。开心网新推出的亲子类应用"开心宝宝"，加上原有的资源，据称注册用户数已达1.4亿，其中适婚适育年龄的人群比重超过50%。贝塔斯曼有内容，开心网有用户平台，资源互补能否打造成功的垂直母婴电商？我们拭目以待。

#张裕对渠道掌控的渴望# 据每日经济新闻报道，张裕近期对销售系统动大手术，人数调整占销售系统的30%。张裕变革在销售和利润双重指标下滑的背景下展开，其直接的目的是加强对渠道的掌控，提高对商超的直供份额，未来或将建设3000家专卖店，减少对经销商的依赖，通过直接掌控渠道从而强化对市场的掌控。

#吉尼斯，60多年只做一件事情# 吉尼斯自1955年在英国出版第一本《吉尼斯世界纪录大全》以来，只做一件事情，那就是收集奇闻异事，见证世界纪录，编辑成册，然后出版发行。吉尼斯在全球获得的巨大成功，一是来源于专注的精神，二是选对了产品。对奇闻异事的渴望是人类的天性，而创造纪录和传奇也是人类内心的渴望。

#简单商业模式成功原因是将内容做到极致# 吉尼斯以图书出版起家，尽管现在遇到电子书及互联网阅读的挑战，但其发展仍方兴未艾。据统计，吉尼斯一年的图书销量能够达到350万册，到目前为止，吉尼斯出版发行的图书累计已经达到1.3亿册。如此巨大的数量，吉尼斯创造了一项属于自己的世界纪录。

#对原则的坚守，是吉尼斯的竞争力# 吉尼斯所从事的工作是发掘"世界之最"。如果其认证不是很严格，被其认证的世界纪录就会大打折扣，吉尼斯自身的公信力也将受损，从而失去消费者的支持。吉尼斯深知这一点，以"严肃而有趣"作为选择项目的标准，在认证时完全是一丝不苟、铁面无私、客观公正。

#主业做好，副业自己就会找上门来# 吉尼斯在发展过程中似乎并不关心副业的发展。吉尼斯是一家世界纪录认证公司，它的发展几十年来都围绕着这一核心未曾改变。长期以来积淀起来的知名度和公信力，让众多的产品商主动抛来橄榄枝。据说，某些产品加上吉尼斯的标志，其销量可提升20%，运营过程大多是水到渠成。

#分众电梯广告将遭遇极大挑战，收看率将会越来越低# 分众传媒找到了写字楼白领等待电梯间隙所蕴藏的商机，但随着智能手机和平板电脑的普及，越来越多的人等待电梯时是在看电影、读小说、发微博、听歌曲，很少有人会看分众广告。分众唯一的出路是播放"新、奇、特"的内容，但内容由广告主提供，分众无能为力。

#"她"时代,"她"力量# 中国银行和零点咨询联合发布了《柔韧的力量——2012年中国都市女性平衡与选择白皮书》,报告显示中国1/3的女性收入超过丈夫,78%的已婚女性掌管日常开支权,大额消费23%的女性独立做决定,77%的女性与配偶商量决定。威力越来越大的"她"力量,是品牌和营销运作应足够重视的。

#**救灾与管理**#在灾难面前,所有人都要有悲悯之心,有钱出钱,有力出力,共同扶危济困。但我一直认为,对于绝大部分不在灾区的老百姓,最好的救灾方式就是做好自己的本职工作,这就是在为社会做贡献。在企业管理中,我反对老挑其他部门的不足或别人的不足,好的管理者应专注于管理好本部门,做好自己的本分。

#**壹基金的成功之道**#壹基金理事会由李连杰、马云、王石、马化腾、周其仁、马蔚华等组成,全是业界大佬、不差钱的主,没有必要利用慈善来谋取私利。而且资源调动能力巨大。这些企业家来自不同行业,基金会不会倾向某个行业,聘用专业人才像公司一样运营基金,聘用知名律师事务所和会计师事务所审计,公开透明。

#**政商博弈下的健力宝**#健力宝之父李经纬辞世,将人们的视线重新拉回到曾辉煌一时的国内第一饮料品牌,而今却寂寞地躺在无名角落的健力宝身上。健力宝从高空到低谷,从辉煌到落寞,主要在于李经纬不够冷静和隐忍,缺乏转型期企业家所需智慧,从而丧失主导权的原因。

#赢了官司，输了市场# 乔丹状告乔丹体育侵犯姓名权，无论最终官司谁胜谁输，乔丹体育都是损失最大的一方。一方面，因为诉讼让很多消费者感觉乔丹体育是山寨品牌；另一方面，因为诉讼乔丹体育IPO进程被打断，损失巨大。很多人在品牌策略上都想傍名牌。市场可以投机，但是如果真想做强品牌，此举则是自绝前程。

#找到共同的记忆，是《致青春》成功的根本# 赵薇导演的处女作《致我们终将逝去的青春》上映3天票房即过亿。每个人都会有青春，每个人最怀念的都是青春，电影透过对青春的喜怒哀乐略带夸张的描写，唤起了所有人共同的"友情+爱情，纯美+酸涩"的青春记忆。十足的文艺调调，打动了观众，就打开了票房。

电商营销，向广度和深度持续发展# 天猫商城预计2013年销售汽车5万辆，2014年25万辆，而它过去两年的销售数据分别是2000辆和1万辆。这是天猫给出的数据，不管能否实现预计目标，但至少表明网络销售数量呈上升趋势，而且未来更多的产品将通过网络销售。这表明，总有一天，传统企业必须要面对电子商务。

 # 健力宝衰落的另一原因是品牌策略错误 # 健力宝原有的补充电解质水和缓解运动疲劳的功能诉求，由此形成"健康、活力"品牌印象，本应很好地坚持。但张海等人入主后，推出定位模糊的"第五季"子品牌，导致新品牌没建立，老品牌又被弱化，加上红牛、激活、脉动功能饮料新品牌的横空出世，健力宝越发日暮西山。

 # 名人时间拍卖：最大的价值不是现金收入，而是事件引发的广泛关注 # 2013年春，一慈善机构拍卖与苹果CEO蒂姆·库克喝咖啡的机会，预计成交价可达5万美元。巴菲特午餐拍卖，给他带来持续的关注。善于模仿的中国企业家也开始效仿，去年任志强、刘二飞和史玉柱共进午餐的时间分别拍出45万元、45万元和213万元。

 # 尊重跨行业的建议 # 对行业的充分了解是好事，也是坏事，好事是对行业的前世和今生都熟悉，坏事是因为太熟悉而容易熟视无睹，或形成惯性思维，导致难以突破和创新。老福特就是从屠宰场的工作流程受到启发，创造了现代汽车生产流水线，带来现代汽车发展的革命。所以，今后我们别忽视"外行"的意见或建议。

#农夫山泉有点烦# 农夫山泉被曝质量问题，被媒体追问，被消费者怀疑，自我感觉不是"有点甜"而是很烦。农夫山泉声称这是竞争对手怡宝的故意抹黑，两家水企开始了激烈的"水仗"。消费品品牌间常"掐架"，在很多时候都是业内心照不宣的营销手段。只是无论如何炒作，无论如何默契，也无论真相如何，都不能动了品质这条底线。如果没有品质的品牌，就不是有一点烦，而是非常悬，或许会轰然倒下。

#体育造星也需科学定位# 邹市明在获得奥运会两金一铜后转型为职业拳手,国内顶尖的体育文化传播机构盛力世家与包装过拳王阿里和帕奎奥的阿鲁姆成为他转型的包装推广人。他们看重的是邹市明独特的海盗式战法和不俗的战绩,他们将他定位为"懂事、谦虚、有礼貌"的人,而非像其他拳手说话做事粗鲁的形象。

#高校营销需放下身段# 受某高校委托负责其与考生互动策略,以增加报考量和招收到更高质量的生源。我们做过调研后惊人发现:很多大学都有研究营销的专家,但很少有大学将自己的营销做得很好。无论是语言表述还是网站等视觉呈现,都还是老一套的说教,大多是站在自己立场的自说自话,完全忽略现在高中生们的思想和感受。

 # 借势终失势 # 阿迪达斯状告阿迪王侵权案，2013年5月终于尘埃落定，双方和解，以阿迪王中文商标和三角标 logo 无偿转让给阿迪达斯了结。中国企业在初创期借助国际大牌，本质上是误导消费者，以获得超值收益。企业因此可能会获得暂时的发展，却失去了创建自己独特品牌的机会。我们可以模仿的是世界大牌的管理运营模式和经验，但不能模仿世界名牌的商标，弄不好就是违法侵权，被没收、禁使用，前功尽弃。

#平等的沟通# 我们给出的策略是：一，考生、家长和老师是决定报告志愿的主要因素，在这三类人群最集中出现的高考场地门口派发资料，可实现低成本的高效覆盖；二，大幅度削减宣传文字，去掉自说自话的语言；三，结合热门词汇"中国梦"和热播电影《致青春》，创意出"我的青春，我的梦"的主题，建立亲和的沟通关系。

#电影消费正从感官向内心进化# 近来，《人在囧途之泰囧》《北京遇上西雅图》《致我们终将逝去的青春》等电影以较小的制作，用情感打动观众，获得了巨大的收益。从这一现象，我们或许可以判断电影业正逐步从追求打打杀杀的感官刺激，向关注内心情感转变。这既是社会的进步，也是未来电影的发展方向。

#去 logo 化或是伪命题# 《No LoGo》一书认为品牌影响到了大众认知，侵害了消费者的自由选择权。这或许是个伪命题，因为品牌本身代表着某种文化，只有与消费者的价值观契合才能打动他们。消费者有去 logo 化的需求，是因为这个品牌已经不能代表他们的价值观。当满大街都是 LV 包时，追求个性的人肯定想去掉 LV logo。

#**媒体不是法院**#《京华时报》曾连续 27 天动用 67 个版面报道农夫山泉"标准门"事件,如此密集地炮轰一个品牌实属罕见。在产品品牌面前,媒体品牌因为掌握了话语权而变成强势者。但是,我们需要明白的是,客观公正地报道事实是媒体的使命与职责,媒体的角色是事实的揭示者,但不应该充当法律的裁判者。

#万科谨慎试水商业地产# 2013年初亚布力论坛上,王石被问及商业地产战略时不悦地回应:"去问郁亮吧。"王石曾表示"万科如多元化,他在骨灰盒里也要伸手反对"。郁亮谨慎强调,万科做商业地产是为了更好地卖住宅。而万科的土地储备(非核心地段)、人员储备、市场经验都不足以支撑其立即大规模进军商业地产。

#"修合无人见,存心有天知"# 过去我们说"酒香不怕巷子深",现在我们说"好产品要好吆喝"。物极必反,过度吆喝就会变成了过度营销,很多人没耐心进行持续的技术研发、精品打造和服务优化,而更注重容易被看见的面子工程。拥有340多年历史的同仁堂的训诫可以给我们启发,只要踏实做,连天都知道,何况人乎?

#只有不断变化才能保持生命力# 从胶卷相机拍照、数码相机拍照,再到手机拍照,影像技术短时间实现了三级跳。柯达未曾预料到数码技术的强大冲击而衰落,现在的主流数码相机品牌有没有预测到手机拍照的强大冲击?或许将来的数码相机品牌只有一条路,即针对专业人士提供超高质量影像,低端产品将完全被手机替代。

 # 爱国者越来越远离数码产品 # 近两年本人先后撰文批评过哥窑相机产品战略的错误和爱国者国际化联盟的空想，事态发展正如所料：冯军正将爱国者品牌带向越来越萎靡不振的泥潭，旁观者清当局者迷，不知道是他没看明白，还是故意装糊涂，有意如此。现冯军又往国货精品馆下赌注，可以预见这只是圈钱而不可能持续营运的新概念而已。

#太美，未必真会美# 淘品牌太美正如其名所述，万事追求完美，用最理想的标准打造产品和服务。供应链服务不好就停掉前端，建造极速供应链；OEM厂不能满足要求，干脆自建生产线。严要求没有错，但越俎代庖就有问题，企业尚小时，宜做强关键环节，具备核心竞争力后再往强大的全链条发展，完美要分阶段实现。

#标题的力量来自巧妙构思# 工商银行（ICBC）为推广人民币跨境业务，策划了一则广告语，标题为"Yes, sure"，副标题为"助您轻松实现人民币跨境业务"。视觉表现为"￥es，$ure"，以人民币和美元符号替代两个单词的首字母设计，"Yes, sure"传达的含义和两个币种的符号结合得天衣无缝，堪称绝妙。

#神化商业领袖，其实是门生意# 杰克·韦尔奇、稻盛和夫、乔布斯、张瑞敏、柳传志、马云等商业领袖，在无数的书籍和视频中被美化，在无数次演讲中被仰视。将诚信挂在嘴边的马云，不时曝出欺诈危机；曾为中国首富的宗庆后投资很多产品也并不成功。他们的失误被忽略而成功被放大，实质是借个人品牌营销企业。

#**难在价值观的传承**# 马云以 4 万观众的豪华阵容谢幕，戏剧性的是，接班人陆兆僖刚开始演讲，VIP 大佬就差不多走光。接班人不被信任，除了人性中固有的偏见外，客观上接班人真的很难 100% 坚守创始人的价值观，很难传承创始人的激情和企业家精神。摆在陆兆僖面前的挑战将非常巨大，继承还是变革，都是问题。

#苹果最新广告语的威力# 苹果有一则广告就一句话："每一天，用 iphone 拍摄的照片数量超过任何相机所拍"。这句话威力巨大，一句顶十句。一、说明 iphone 手机的持有量巨大；二、站在手机全行业的角度打击了所有相机；三、被打击的任何相机都不能反驳，因为谁也无法拿出确切的数据证明它所说的是错的。

#有品位的周年庆# 周年庆对于中西方品牌都是极被重视的公关活动。但在具体的执行层面，中国企业更喜欢采用传统的宴请等沟通方式，而西方企业则更注重品牌本身的文化挖掘和提升。比如可口可乐在迎来 127 周岁生日之际，在官方微博上发布了 5 张海报，展示了可口可乐的发展历程，增进和中国消费者的沟通。

#最能打动人心的不是说教，不是道理，而是情感# 尼康在 2012 年的一则广告很出彩，紧紧抓住"眼泪是人类情绪的极致表达"这一创意原点展开策划制作。该片片长两分钟，记录了从"出生"到"情爱"等一系列流泪的真情瞬间，不同国家、不同肤色、不同年龄的演员真挚演出贴切地表达了尼康的"影像·从心"口号。

#新概念未必能成好生意# 娃哈哈推出格瓦斯新饮料品牌，按照娃哈哈惯用套路，高密度广告轰炸，以快速获得高知名度，再辅以地面渠道跟进将货铺到终端。但格瓦斯对于全国消费者来讲还是个新品类，"液体面包""没有酒精的麦芽饮料"等概念呈现出来的定位并不清晰，或是继啤儿茶爽之后又将夭折的新品？

#从建筑到社区，想象创造新生活# 远大可见拟建220层、高838米的世界第一高楼——天空城市，楼内有10公里天街，从1楼直通170楼。它最大价值或许不在于采用低碳建材，而是对未来城市建筑的大胆想象，突破目前建筑仅仅是建筑的思路，集写字楼、住宅、商业、休闲、娱乐为一体，将一幢建筑变成一个综合社区。当然，这极可能是远大吸引眼球的噱头。

#焦点在哪里，哪里就成为焦点# 我们可以把工作流程、规则都标准化，但不能标准化的是思想。特别是面对一些超越想象的目标或任务时，很多人思考的焦点不在想办法克服困难、解决问题、达成目标上，而是热衷于评判任务的合理与否，可行与否。焦点在目标上，目标就可能实现；目标在问题上，目标就成了问题。

#阿里高层执行者的心态# 曾有"阿里巴巴二号人物"之称的彭蕾曾表示，她对马云的很多决定也有看法，但她很清楚一个执行者应抱有何种心态和采取何种行动。"无论谁接任CEO，我的任务就只有一个，就是让这个决定成为正确的决定"，不议论也不怀疑，一心一意地去达成目标。有多少企业的高管能够有她这种胸怀和格局?

#品牌的生命力来自于市场中真刀真枪的搏杀# 红旗品牌近来很招眼，一是国务院规定公务用车逐步采用自主品牌，二是红旗L9作为国宾车迎接法国总统奥朗德，惊艳亮相。最资深的红旗未来很可能垄断高端公务车市场。不过，它要获得持久的发展，不能光靠政策，更要靠由研发、设计及营销而形成的品牌力。

 # 设计越来越被重视 # 台北力争申办 2016 年世界设计之都，仅时长 7 分钟的宣传影片，创意方案就 8 易其稿，用 2 个月拍摄，花 6 个月制作，可见非同寻常的重视。设计的确能够让城市更美好，让生活变得更精致，但所有的设计必须与当地的历史、文脉相贯通。学习借鉴西方可以，但是不能忘了自己文化的根。

 # 没准备好，或是死路 # 五谷道场曾是方便面领域的一匹黑马，打出"非油炸"概念，半年多即实现 3 个多亿的销售，后因资金链断裂而被中粮收购。但中粮并未使它"起死回生"，即便撤换总经理也无济于事。五谷道场失败的原因很多，但我以为最根本的原因是扩张过快，当人员、管理都没有准备好时，扩张越快，死得就越快。

 # 产品是根，资金是血 # 五谷道场创始人王中旺，在快速扩张时过高地估计了品牌价值，拒绝了很多投资者，也就自绝于后路。另外，"非油炸"尽管是个健康概念，但是产品口味不好，无法和其它油炸的方便面相媲美。加之，中粮入主后，在产品开发上也没有实质性的提升，渠道建设乏力，五谷道场仍旧了无生气。

#卖历史其实是卖生命力# 科勒今年140周岁,它向全世界清晰地描绘它每一天都在突破极限,创造更优雅的生活理想,"140年,仅仅只是一个开始"。正如它在广告中所说:"KOHLER对于你而言,只是一个符号;对于我们而言,它却是我们的名字,更是承诺一生的故事。140年很长,但不及一个承诺的生命力。"

#飞虎乐购，飞不起来，也乐不起来# 飞虎乐购是富士康投资的电子商务网站，郭台铭希望将它打造成网上国美商城，实现从代工厂到终端电商的梦想。然而，郭以制造业的思维去经营电商，似乎一开始就注入了失败基因。比如，出台员工不能上网等制度，电商员工不能及时了解瞬息万变的市场，怎能赢得分秒必争的战斗?

#好视力，很短视# 历经13年打造，好视力成了眼保健领域一个响亮品牌。不过，好视力也曾遇到麻烦，近日被曝涉嫌虚假广告宣传。遇到危机并不可怕，怕的是错误地应对。好视力的回应是"好视力存在个别虚假宣传行为，主要是经销商在进行夸大宣传。作为生产企业，好视力眼贴并不存在违规宣传误导消费者的情况。"

#神一样的回答，看似把公司的责任推得一干二净，其实是极其愚蠢的短视之举# 第一，所有大规模的广告宣传都是企业的行为，即使经销商有广告宣传，规模也小且需品牌商审核同意；第二，将责任推给经销商，好视力将自己推到既失消费者又失渠道商的境地。看来，好视力公司首先要治的是自己短视的"眼疾"。

#天下农博汇，批发大平台# 浙江省农发集团下属的新农都物流中心是华东地区标杆性农产品批发平台，原为"农都"市场，后整体搬迁升级扩建为一期规模达45万方的"新农都"现代农产品物流中心。品牌初创伊始，飞象策划为其进行了系统的品牌定位和规划。在品牌标识"N"的创意设计上，根据行业属性，用"三色"传递行业特征（水下产品·蓝色、地上作物·绿色、深加工产品·黄色），融合"三农"精神，展现"新农"风貌，从而加速品牌识别与认知。在品牌营销上，招商初期，飞象策划以"老农都，搬新家"为概念进行招商预热，品牌告知；运营阶段，以"天下农博汇，批发大平台"为广告语进行品牌保温，树立形象；推广阶段，以"逛新农都，看农博会，购农产品"为利益点进行宣传，形成话题效应。

#放弃该放弃的，学习该学习的，坚持该坚持的# 日本电子企业偏重卓越技术和优良品质，却忽视市场需求发生的变化；由于信息技术突飞猛进，单纯的技术品质领先已不再具有决定性竞争力。整体衰落的日电子企业的出路在于放弃闭门造车的研发方式，学习美韩电子企业在坚持追求卓越品质的同时，注重用户体验的经营理念。

#盲目节约就是大的浪费# 有的老板可以为博美人一笑而掷千金，为公关请万元餐，在品牌建设上却吝啬，更有甚者还会为省点小钱找低水平设计公司做自己的形象设计。连自己的形象都不重视，别人怎么可能重视？相反，如果品牌建好了，如万达的王健林、阿里的马云等，是很多领导排队找他们，而不是相反。

#**曾经的地王，现在的烈士**#2010年雅戈尔曾豪掷重金拍下杭州申花两地块，刷新当年杭州土地出让单价纪录，一时信心满满，风光无限。在房地产形势日趋严峻的情况下，开发即意味着亏损。雅戈尔被迫断臂求生，终止开发，让48亿订金打水漂。房地产行业火爆让如过江之鲫的非专业房企抱着投机心态纷纷进入，在房价疯涨的时代，非专业的公司尚能生存，但在回归理性，销售放缓的背景下，专业化操作、精细化管理才是生存之道。

卷六

微论品牌 微时代的最佳品牌营销读本

#奇迹都是商业化的结果# 周鸿祎在与公司88后沟通时强调，世界没有奇迹，人人都需要师傅。在互联网领域，诞生了很多传奇，比如扎克伯格，不到30岁就领导了几千人，创造了世界第一的社交网络。只是媒体故意忽略了他的背后有经验丰富的良师指点，因为媒体需要读者，而读者需要天才少年成功的励志故事。

#乐视借势，夏普着急# 乐视TV发布以"超级组合（乐视+富士康+夏普+高通）打造超级电视"作为核心宣传内容。这本是互联网出身的乐视借势营销的策略，却被夏普（中国）过度解读，以致发布公告称未与乐视合作研究，而乐视称其仅采购日本夏普堺工厂面板，与夏普（中国）没关系。夏普澄清是帮着乐视营销。

#东方树叶，你卖给谁？# "公元1267年，蒸清绿茶东渡日本；贞观十五年，红茶经茶马古道传入西域；17世纪，中国乌龙茶风行英伦；传统的中国茶，神奇的东方树叶。"这是要卖给外国人还是卖给中国人？如果是中国人，用得着绕一个大圈告诉我们喝的茶原是东方树叶？画面再美的广告，没搞清楚对象，都是白搭。

#传统 4A 公司的挑战与变革# 传统广告是"创意+电视、户外广告等传统媒体选择+效果监测评估"的单向信息传递模式，互联网、移动互联网、微博、微信等新媒体则强调互动沟通的模式，抢走了一大批年轻消费者。而据艾瑞咨询数据显示，2011 年到 2012 年，网络广告年平均增长 47.9%，远高出电视广告的 17.8%。

#广告信息精准投放应依靠数据# 传统广告发布后，哪些受众能看到，受众能够被多少资讯所吸引，大多听天由命。基于互联网的 RTB 广告则可以依靠技术实现精准的投放。DSP 技术对用户浏览网页的行为进行评估，在锁定目标受众后，相应的广告就会追随目标受众出现在他所浏览的网页上，实现真正意义上的精准投放。

#广告中数字的力量# "400 余家思科网络技术学院遍布全球，50000 余学生每天在线学习网络技术课程，206000 余毕业生梦圆网际，开创职业发展新天地。"这是思科"联天下、启未来"峰会的广告语，3 句话，3 个数字，就把它为中国网络教育做出的巨大贡献表现出来，也彰显了它所倡导的"万物互联"的威力。

#微博诋毁商誉第一案：小米诉小辣椒# 小辣椒手机创始人谭文胜在微博中对小米手机进行各种诋毁，北京市工商局西城分局对小辣椒手机销售方作出行政处罚。尽管互联网是个自由之地，任口水横飞也无妨，但网络社区也是法制社会，不能无法无天。同是智能手机品牌，同是"小"字辈，相煎何急？有本事，用产品说话，用市场说话。

#为什么打仗要靠子弟兵？# 空降兵为什么会水土不服？一是不了解企业文化；二是花钱买来的，很难对公司产生深厚的情感；三是会打击公司内勤奋优秀的员工。员工培养的过程就是历练的过程，吃过苦头、受过委屈、经过打击而能坚持下来的人才算子弟兵，才会有战斗力，才不会一有困难就撤退、一有诱惑就叛变。

#平衡的商业模式# 联想集团董事局主席杨元庆在2013年成都财富全球论坛上强调：联想集团采用了两种商业模式，一种是面对企业用户的模式；一种是面对普通消费者的模式，前者关心可靠耐用，后者注重价格和时尚感。联想以关系型模式服务企业客户，以交易型模式服务普通消费者，两种模式满足了不同需求。

#企业家和品牌联姻，一举两得# 女强人李静代言戴尔商用平板电脑。"跨界经营，我该如何左右兼顾？"的确，身兼主持人、制片人、乐蜂网和静佳化妆品牌创始人李静需要考虑这样的问题，不过，用戴尔商用平板电脑即可轻松解决。李静在为戴尔代言时也为自己做了广告，估计广告费是平摊的吧。

#上海很海派，香港渐边缘# 中国（上海）自由贸易试验区正式挂牌，这是中国大陆第一个自由贸易区，为各方所看好，其意义可与当年创建深圳特区相媲美，后者标志着中国改革开放的开始，前者则预示着中国改革进入全新的阶段。上海越来越与国际大都市称号相匹配。香港作为一个国际自由港，本应更开放和自由，但从限制大陆游客购买奶粉，到反对政府开放自由行，并视大陆客为"蝗虫"的侮辱性称呼可以看出，极少部分所谓的香港精英，打着维护香港自由精神的旗号正让香港走向封闭，香港不是"被边缘"化，而是这部分短视者主动边缘化。

#**什么都不能想当然，要充分认识差异化**# 百度首席执行官李彦宏在 2013 年全球财富论坛上表示，从桌面互联网向移动互联网转型时，他的团队也没有意识到两者的差异，以为手机也需要一个搜索框，需要打上关键词。而手机屏幕小，打字很困难，但手机有摄影像头和话筒，可以充分利用视频和语音来做搜索。

#**关注核心专长而非利润**# 将焦点放在利润上未必是好事，不能光盯着利润，利润不会自己来。利润来源于为客户创造价值，而价值创造来源于核心专长。比如，餐饮能做到在保证品质的前提下做到极低价，就能吸引足够的顾客，就有好的总收益。而且，因能吸引人流，很多 Shopping Mail 会低价邀其入驻，以共同带动客流量。

#**针锋相对的 618 电商大战广告**# 京东说："别闹，把你们无聊的战书捡回去。把你们的泄密邮件收起来。保护好自己，保护好钱包。"易迅回应："别吹，你们价格再低，我们都贵就赔；你们速度再慢，我们都闪电送。别躲哦，我等你。"当当、国美、1 号店分别回应："别吵"、"都别装"、"别不信"等挑战主题。

#聚焦# 长城汽车董事长魏建军深受品类聚焦思想的影响，旗下SUV采用哈弗作为品牌独立运作，因为聚焦，哈弗成为国内销量最大的SUV。好品牌无不是因为成功代表某品类而树立江湖地位的，以一个品牌对应多品类不是一个好主意。奇瑞从多品牌回归"一个奇瑞"或是矫枉过正，哈弗代表SUV，奇瑞能代表旗下不同品类吗？

#变悲剧为喜剧，让美梦都成真# 红星玫凯龙在 27 周年庆宣传海报中，改写五部经典爱情悲剧，让有情人终成眷属。这既迎合了观众内心希望主人公幸福的情感需求，也与红星玫凯龙周年庆"圆满"的诉求相统一。最重要的是，这些镜头都是在自己的商场里拍摄，古今中外的人物置身现代场景，高反差的视觉效果极强。

#微软的变与不变# 为了顺应 IT 竞争环境的变化，微软逐渐从软件服务公司向"设备+服务"公司进行战略转型。微软总裁在接受《IT 经理世界》采访时表示，因为战略的调整，微软在自我认知、工作方式、技术能力等诸多方面发生了很大的变化。但是，人才创新能力、软件开发能力以及应对挑战的能力并未发生改变。

#电影与所植入对象的调性需一致# 以黄公望画作《富春山居图》为名的电影，尽管有刘德华等明星助阵，但依然无法掩盖其内在的空洞。它的故事架构完全背离了该画作为中国山水画巅峰之作所传达的恬淡高远的古代人文精神，镜头切换频繁，画面充满血腥味，起不到宣传富阳山水的作用。

 # 凡客的婚外情，不是好战略的调整 # 据报道，凡客的老板、44岁的陈年陷入了"婚外恋"诽闻，他要求各事业部都要大力引入第三方品牌。凡客是陈年一手打造的自有品牌，但与天猫、京东等平台电商相比，只能坐第十把交椅。现凡客引入其它品牌，成为综合大卖场，希求从自有品牌电商向平台型渠道型电商转型。

 # 放弃新闻端，是基于战略的正确选择 # 360新闻客户端刚一亮相就被撤下架，新闻客户端是网易、腾讯及搜狐等网站争夺入口的重要产品，但360并不具备新闻内容上的优势，市场已被先入者占去绝大部分的份额，他们已在原创新闻方面布局多年。从360过去的发展路径来看，它的战略支点是平台而非内容。

 # 移动互联网的决胜点在活跃的用户数 # 360的战略有没有发生变化，现在还不得而知。但是，圈定更多的用户这一点，相信周鸿祎内心是无比清醒，并且让他们成为活跃分子而非僵尸。360手机卫士和手机助手是目前主打产品，聚焦于这两款产品，做成手机用户的杀毒软件首选，在移动互联网的江湖就能呼风唤雨。

小米或许正在变成大米 # 小米手机的设计、营销模式完全不同于传统的手机厂商，因此获得了巨大成功，拥有一大批忠实的"米粉"。少年就得志的雷军，不会甘心只做"小米"，他一定会谋划占有更大的地盘，传闻中的米电视、米 pad 说不定很快就会成为现实。坚持低价高质策略获取用户的同时，会不会造成品牌的模糊？

创意很简单，比如让大象洗汽车 # 英国一家动物园，因为远离闹市区而生意惨淡。其主管偶尔听到游客抱怨路远汽车会弄脏了，就突然想到如果解决这一问题就能招徕更多游客，但雇用人工则费用不菲。主管从大象戏水得到启发，训练大象看到汽车停了就喷水洗车，还会用海绵擦干净。创意或许并不难，难在是否时时用心。

逆向思维，创新灵感的来源 # 三星发布了市场传闻已久的曲面 OLED 电视，实现了电视机的跨越式发展。电视屏幕从最初的圆角到 90 度直角，再到现在可弯的曲面，每一次进化都是逆向思维的功劳。手机的进化也如此，为什么一定要用传统电话机式的键盘输入呢？这样的反问，就带来了传统手机向智能手机的飞跃。

 # 找准对手的核心定位，反其道而行，建立自己的竞争优势 # 麦当劳叔叔和免费儿童乐园很受孩子欢迎，汉堡大王就说："如果你是孩子，你就到麦当劳去吧。我们只接待 10 岁以上的大人。"这一招厉害至极。大孩子自然不屑去小孩的餐厅（麦当劳），而渴望长大、不愿承认幼稚的小孩也要求父母带他们去汉堡大王。

#实干#魏建军野心很大,"要把哈弗做成绝对第一,而且是世界级的第一,与路虎和 Jeep 相比也是第一"。豪情万丈的背后,是要付出非常艰辛的努力。成为第一的品牌并非易事,今天的哈弗只是"经济 SUV"的代名词,离世界第一的宝座路途还非常遥远。目前的成绩不足以骄傲,"继继踏实干 10 年"仍远远不够。

#品牌需要文化浸润,也要时间积淀#一个高端品牌,特别是作为汽车这样一个特殊商品,不光需要性能安全、驾乘感优良,更重要的是,它承载了精神的诉求和价值的表达,它代表的是车主的内涵和品位。物理的性能可以通过短时间实现,而品牌精神打造并非 10 年之功就能成就,品牌商必须从制造汽车向制造信仰转变。

#标志并非一定一成不变#品牌若出现换标有几种情况,或换了东家,或换了行业,或换了核心价值诉求。摩托罗拉新标保留"M"这一核心形象,红底色改为白底色,外圈改为彩色的色轮,"Motorola"黑色的大写字体也改为柔和的灰调小写字母,风格清新,IT 感强。新标下还有"a google company",表明为谷歌成员。

#精准的数据，精准的定向传播# 百度通过后台精确地掌握搜索数据，然后根据这些数据展开商业化的运作。比如，TOP100家常菜做法日搜索量超过2000万次，居然超过同期热播电视剧的搜索量。百度旗下爱奇艺顺势推出《每食每课》视频，将全球第一调味品牌家乐产品植入，不同菜品出现不同的子品牌，获得巨大成功。

#两种思维，两种结果# 产品和服务是好的，才会有很多人喜欢和购买，这是典型的从企业角度考虑的思维。顾客的思维是，有很多人喜欢和购买的产品和服务才是好的。第一种思维，是以制造为导向，可能生产出质量很好但没有市场的产品；第二种思维，以市场为导向，根据消费者喜好生产及营销，必成为市场胜者。

电影等商业艺术产品宜开发系列产品，实现品牌价值最大化 #《哈利波特》系列作品被翻译成 67 国语言，7 部热卖的电影让制作发行公司赚得盆满钵满，作者 J·K·罗琳也从穷困潦倒变成比英国女王还富的富婆。《007》《钢铁侠》《蜘蛛侠》等采用系列化策略，精准锁定人群、制造观众预期、降低制作营销成本。

巨额广告预算，是行业大佬建立品类区隔和谋杀同行小品牌的惯用招术 # 秋林食品和娃哈哈就格瓦斯正宗与否打起了口水仗，宗庆后明确回应，格瓦斯一年花 5 亿广告费不会伤筋动骨。而秋林食品格瓦斯去年一年的销售额仅 2 亿多元，高密度的广告给秋林带来巨大压力；同时抬高了行业门槛，其它中小品牌不敢轻易进入。

快时尚，你有多快？ #ZARA 一年能推出 2 万多款新设计，一天会设计出 70 款新产品，如此强劲的速度让众多品牌望尘莫及。快速设计形成的快时尚文化既影响了 ZARA 内部的运作，也影响了顾客的购买习惯——不断追新逐异。带给其它服饰品牌的影响是，要玩游戏就得采用"多款式、小批量"模式，否则就可能被潮流抛弃。

#奥迪制造悬念，引发关注，主流媒体自动报道# 在美国纽约举办的一次车展上，其它展台香车美女很热闹，而奥迪 A3 跑车的展台上却空空荡荡，只有告示牌写着"如果有丢失跑车的消息，请致电"。结果，数十万美国人被动员起来寻找丢失的跑车，该型车的图片和信息在网上热传，尽管没在展会上露面，奥迪的影响力却大增。

#华为的"三高"：高效率、高工资、高压力# 高压力产生高效率，高效率产生高竞争力，高竞争力产生高利润，高利润确保员工高薪，高薪激发了员工的激情和进取心，能承受高压力和产生高效率，"三高"构建了一个良性的循环系统。华为 2012 年实现 2200 亿元的销售，超越爱立信成为全球最大的电信设备供应商。

#台湾诚品书店与众不同# 内设咖啡雅座，咖啡浓香与翰墨书香混合成迷人的气息；首创 24 小时营业，以适应现代人生活的多元需求；从卖书拓展到画廊、出版、展演、文创产品和商场开发、物流经营等。诚品书店的成功在于重新定义了书店：书店不光是付钱买书的地方，而是文化交流、休闲的场所，是一种文艺的生活方式。

#持续演进的台湾产业结构# 台湾经济的发展先后经历过加工制造（来料加工）、资本密集（大型的基础设施建设、重化工建设等）、技术密集（电子产业等）发展阶段，目前正在进行经济结构转型，以国际化为视野，大力发展知识密集型产业，重视生物科技的研发和产业化，期望以变革赢得全球化的竞争力。

#精细加工，台湾制造业的努力方向# 台湾岛内很难见到大规模的工厂，散落在路边、乡间的工厂大多很小。但不能忽视这些小企业，或许被水田包围的一间小工厂，就生产着全球某个领域的最核心部件。宜兰县一家以服装厂改造成的菌类工厂，各种食用菌被精加工成各类售价高昂的化妆品、保健品。小而美，也是竞争力。

#社会化媒体营销最应充分考量的因素# 社会化媒体营销的基础是用户的需求，包括心理、情感或其它需求。因此，硬广告的强制性推送将招来抵制而没有市场。虽然操作手法千变万化，但万变不离其宗的是：与时事相结合的好内容，充分利用移动互联网，多屏幕同时跟进。这三者中最重要的依然是内容，好的内容。

 # 品牌更名也是战略调整的一部分 # 近日，进入中国大陆 28 年的卡夫食品更名为亿滋，取为亿万消费者带来好滋味之意。2013 年 3 月卡夫正式分拆为全球零食业务和北美杂货业务两个公司，北美杂货业务继续沿用卡夫名字，而吉百利、奥利奥等零食业务将启用亿滋名字。相较卡夫，亿滋更符合中国人对食品品牌的理解。

#稀缺性和唯一性，产品成功的不二法门# 台北2011是万通在台湾开发的第一个项目，销售情况良好。这得益于它在战略上以稀缺性和唯一性来定位产品：阳明山的高知名度作为背书品牌；位于山腰的最高位置，俯瞰台北及淡水河的视野；顶级邻居（由贝聿铭设计的南国山庄，售价12万元/平方）奠定了国际社区形象及价格筑底。

#商业模式也应与时俱进# 拥有China.com超牛域名的中华网被迫出售业务，原因在于，它只是把传统平面媒体内容搬到网上，在互联网刚兴起时这一模式尚能满足网民对信息的需求。但随着互联网的深入发展，单纯的"内容+广告"模式受到严峻挑战，而它所收购的游戏等产品又没有形成核心竞争力，所以无法避免被边缘化的命运。

#线上或线下，都是问题# 目前中国服饰已成为网购商品的第一大品类，先前线上占主导地位的主要是淘品牌，现在传统服饰企业后来居上成为主角。这得益于传统企业更强大的设计、加工能力。但线下实体店价格高于线上，顾客往往会线下体验线上购买，对实体店造成冲击，协调两者的矛盾是品牌必须解决的课题。

#一棵小葱的大价值# 在宜兰县的三星乡，最有名的是葱，这里的葱完全是有机栽培，不施农药和化肥，最贵时其售价比一般的葱贵5倍。这棵葱除了卖到市场送到餐桌外，也被深加工成各类产品，比如葱油、葱酱、葱粉、葱饼、葱茶、葱蛋卷等多种调味品和休闲食品。从此，轻视别人时不能再说"你算哪棵葱"了。

#索尼不再跟着中国品牌玩低价# 索尼曾是让人艳羡的高端品牌，比国内同类产品价格高出很多。随着中国电子电器品质的提升，索尼等日本企业被迫参与国内电子电器的价格大战。但随后被证明是错误的决定，现索尼希望重回中高端产品路线，在中国大陆开设直营店，以提升品牌形象、拉动区域内其它渠道的销售。也许它又错了，此一时彼一时，现在电视机高端和中低端的界限越来越模糊，曲高和寡的高端不见得会有多大的拉动效果；同时，越来越多的互联网企业又在蚕食鲸吞着这一市场，更亲民和更互联网化可能才是最佳出路。

#创新成果必须受到法律保护# 广州金圣斯皮具称有三款拥有专利权的产品发现七匹狼京东商城在销售，一纸诉状将七匹狼告上法庭，并索赔1000万。中国制造要向中国创造转型，必须解决知识产权保护的问题，如果创新马上就被模仿，并以超低价出售，将严重打击原创。原创动力的不足将严重制约产品和产业的升级。

#现代老子喊你回家# 河南栾川县在武汉推广老君山，打出的广告是："道家始祖老子，老子喊你回家"，听说还有备用口号："老子在栾川等你"。这是创意吗？套用一句网络流行语，让别人知道很容易，让别人来就很困难。没有任何内涵作支撑，不能激发顾客内心情感。老君山，脑子似乎不好使。

#老子的思想很简单，嘴唇和牙齿就能阐述# 苏州市苏州文化艺术中心，一座老子的雕塑做起了鬼脸：眼睛紧闭、舌头伸出、门牙突出，完全颠覆了我们心目中大智慧者平静如水的形象。据说，这样做是想表达老子的核心思想"道法自然"与"无为而治"，以舌唇比柔，以牙齿喻刚，如此解释，似乎很有道理，呵呵，艺术家。

#日本微软的社长樋口泰行表示，微软用一个logo并不是明智的做法# 今天，微软的业务包含个人终端和企业云服务两大部分，而这两类客户群的需要并不相同。企业用户希望微软是稳健的、可靠的，而个人用户则需要微软是时尚的、个性的。尽管产品不同，但取悦顾客这一目的相同，只是取悦的策略和方式应有不同。

#思念，就在一起# 网络电话品牌Skype最近推出了三部微电影，传达"Stay together"的主题。三个特殊的家庭，因为远隔万水千山，相思却不能见，但Skype让他们在一起了（制作出三张虚实结合的合影）。思念，就在一起，无论多远的距离，Skype都能帮你实现心愿。很好的主题，很好的故事，很牛的公关。

#做卡车司机比白领还好# 奔驰发布了系列广告，以引导年轻人从事卡车司机这一有前途的职业。"白领将车开向停车场，卡车司机把车开向夕阳。来，成为一份子。""在一间办公室里，你看到更多办公室。在一辆卡车里，你看到更多世界。""让岁月消逝在枯燥的计划里，还是让它沉醉在如画的风景里？"

#奔驰的广告何以有吸引力# 老实说，一看这广告立马就被打动了，觉得"当卡车司机真不错"。宽幅的风景向我们展示了一个极富魅力的世界，而这是办公室白领很难看到但卡车司机却天天见到画面；煽动性的文案，白领坐办公室的枯燥与卡车司机行走天下的浪漫形成对比，"来，成为一分子"，说不定很多人就去了。

#企业最可怕的是懈怠的疲劳症# 再美的事物看多了，都容易产生审美疲劳；再积极向上的人，做同一件事时间久了激情也易衰退。员工丧失进取精神、丧失战斗活力是管理者常遇见的问题。最可怕的还不是员工疲劳症，而是企业家疲劳症。无论什么行业的企业家，其首要精神就是永远保持积极的进取状态，不断设定新的更高目标。

 # 品类分化宜启用新品牌 # 博鸿小菜由飞象策划协助从零起步，以基本没花广告费的策略而迅速做成华东地区第一品牌。为了让品牌对应的品类更精准，拟推出博鸿小厨新品牌，涵盖酱油、醋、料酒等厨房用品。在探讨时即兴灵感"就要这个味儿"获一致认同，成为新品牌的价值主张。

"就要这个味儿"比"就是这个味儿"好在哪里?
康师傅红烧牛肉面的广告语"就是这个味",或许包括两层意思:一是"就是这个味儿,很好",二是"我就是这个味儿,随便你喜不喜欢"。博鸿小厨广告语"就要这个味儿",完全站在顾客立场,是顾客喜欢的味道,且"要"字能促使顾客下单购买。

水井坊的命运 # 全球最大的洋酒公司帝亚吉欧收购全兴集团,拥有其100%股权,水井坊品牌被收入囊中。业界担心水井坊的命运,其实大可不必。中国高端白酒市场疲软,但水井坊所占份额不大,受影响很小,如果运作得当,说不定反能逆市上扬。另外,水井坊图谋的是全球市场,国际化将使其成为老外心中的洋品牌。

品牌提升重于销量提升 # 英菲尼迪前些年错失了中国汽车的高速成长期,德国奥迪、奔驰、宝马三大品牌占据中国78%的豪车市场,而英菲尼迪仅占1%。其中国事业部总经理戴雷披露"品牌突围计划",将增加更丰富的产品线,品牌形象的提升重于销量的提升,希望到2020年英菲尼迪成为第四大豪华品牌。

#白酒作为特殊的产品，其"历史性"非常重要#
品牌运作上常见的虚构历史、编造故事等策略，对小规模的产品在起步阶段会有点作用。志在百亿的品牌必然会被聚光灯照射，虚假的美丽无法掩饰而将成为醒目的污点。什么都可以突飞猛进、"赶英超美"，唯有历史得一步一个脚印踏踏实实走来，酒的醇厚是慢慢沉淀的。

新公关将以内容为主导 # 传统公关以贩卖版面甚至以发表字数来计算业绩。现实是，随着新媒体的大量兴起，读者拥有更多元的选择，很多纸媒和网站根本不会被关注到。同时，阅读呈现出随机化、碎片化和娱乐化。因此，未来公关的出路在思想、在创意，譬如，CCTV罗振宇和光头王凯搞自媒体生产内容，居然粉丝众多。

从经销商到直销，宝马新营销计划 # 宝马宣布新款i3电动车将采用网络直销方式销售。一石激起千重浪，众多经销商强烈反对。汽车销售采用经销商模式是传统，在美国，法律规定厂商不能直销。但随着顾客网购习惯的养成，网络售卖可大幅降低售价，品牌商掌控终端的渴望等因素将推动网络直销的最终实现。

高端汽车品牌为获独立发展应去母公司化 # 日系轿车中的英菲尼迪和雷克萨斯，在中国市场上远远落后于德系三甲宝马奥迪奔驰，其重要原因之一，就是没有与母公司品牌切割。日产和丰田中端的品牌形象降低了英菲尼迪、雷克萨斯作为高端豪车应具有的尊崇感、身份感等附加值。奥迪与大众两品牌则实现了成功的切割。

 # 红米手机发布，表明小米的战略已经发生变化 #
小米自上市以来，一直坚持高质低价策略，加上"雷布斯"的社会化营销，成功锁定一大批铁杆"米粉"。从苹果的增长放缓而三星增长强劲的势头来看，小米想以单一的产品快速扩大市场占有率显然无望。市调显示，千元以下手机占61%的销量，因此，799元的红米就应时而生了。

 # 一种创新的商业模式：一个办公位置也可以出租 # 创业期的企业无法支付市中心高档写字楼的费用，不能给客户、求职者和合作伙伴留下好印象而错失发展机会。517office就定位在专门为刚走上创业道路的小微企业提供高性价比的办公环境，同时提供前台、行政、人事，甚至会计、注册之类的服务，这和租金同为利润来源。

#国家安全是最冠冕堂皇的拒绝理由# 华为、中兴、联想和三一重工等中资企业进入美国市场都遭遇重重困难。华为尽管和45家国际顶级电信运营商合作，但其中没有一家美国公司。联想并购IBM时，美国政府就设置了重重障碍。华为成为思科的最强大挑战者，联想超越惠普而成为全球第一大PC品牌或是真正的原因。

#苏宁线上线下同价的策略非常厉害# 实体电商最大的苦恼是线下价格高于线上价格，由此产生了很多"比价族"，到实体店看过产品和价格，然后再到网上去下单，实体店白白付出巨额的场租和人工等固定成本。线上线下同价，苏宁实现了一个品牌统领，两个平台，两个窗口共享供应商、仓库存货、信息及物流服务。

#"你贪了10万块钱，就算花1000万调查取证，也要把你查出来"# 京东创始人刘强东内训时如是说。2012年阿里巴巴发生聚划算贪腐事件，让马云急忙找出"最美妈妈"来传达正能量，以扭转大量负面评价。政府查贪官风声正紧，但我们可能忽视了企业里也有很多蛀虫，同样需要大力度的反腐，才能树立正面能量的价值观。

#尽管数据来路不明，但作为营销手段却很有效#
王老吉与加多宝这一对冤家又打起了官司，"中国每卖 10 罐凉茶，7 罐加多宝"的广告被王老吉以涉嫌虚假宣传为由，向广州中院提起诉中禁令申请。数据对比的广告效果非常好，但加多宝坚称这是来自国家统计局中国行业企业信息发布中心权威报告的数据。真的权威吗？

#大国企整合而成的航母是否具有强大持久的竞争力# 中国建筑旗下的地产事业部、中建地产公司、中建国际的地产业务将注入中国建筑控股的中海地产。中海地产已连续几年净利润超过万科，此次整合后其实力大增，但能否挑战万科而成为地产第一，还需要解决不同派系人员和不同公司管理文化的融合等问题。

#武林大会，要包装但更要文化# 天山武林大会策划人北京大学龚鹏程教授，在组织各类武侠文化节活动中发现各派掌门不会包装自己。在他的建议下，道教的则着道袍、佛教的则着袈裟，其他门派也需着特色外装，以吸引眼球。老百姓喜欢拳剑术，是钟情其间的侠义精神，武林大会要有看点，但更要发扬这种精神。

#从恒天然事件中，我们应该学什么?# 恒天然肉毒杆菌污染事件再一次证明了"洋奶粉未必质量好"。但我国政府和企业都应从这一事件学习到，一是政府的高度重视，快速反应，政府出面来处理此事，总理也表示如需要可亲赴北京；二是企业的坦诚，发现问题主动曝光道歉，对于延迟48小时公布数据一事也真诚检讨。

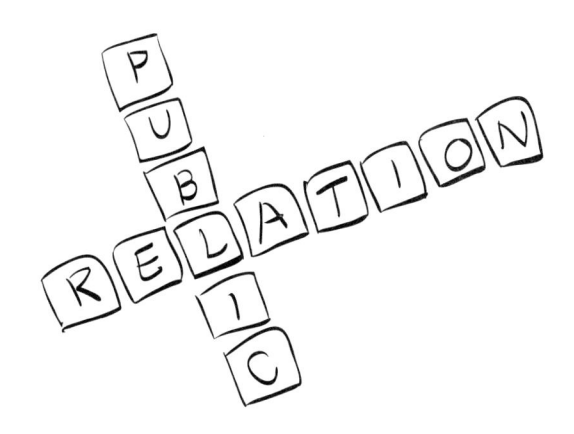

#公关的核心在创意和设计# 传统公关的效果往往以发表文章篇数和字数作为主要的考核指标，而起决定作用的策划往往被忽视。好的公关效果至少由两个要素决定，一是主题的创意，二是发表的范围。前者是核心，如果有了好的新闻价值或引人入胜的故事自然会引发大众关注，媒体自会广泛而深入地报道而无需硬推。

#美国制造，或成为大卖点# 美国政府为促进就业和提振经济，推出税收优惠等政策鼓励本土制造。Google 收购摩托罗拉后推出的第一款智能手机 Moto X 在美国制造，库克也表示年内将在美国生产一款产品，联想也在北卡罗来纳州开设工厂。"美国制造"有强大的美国国家品牌作为品质背书，从而成为这些产品的好卖点。

#品牌公关，客观中立的表述往往能赢得好感# 王雪红领导下的 HTC 品牌，从 2011 年净利润 20 亿美元滑落到 2012 年的 0.44 亿美元，2013 年的业绩仍在下滑，甚至曝出将出售的传闻。王雪红主动约请大陆媒体在上海见面，逐一回应这些传闻。她坦言 HTC 拥有核心技术，但不懂营销，不会做品牌，他们正在大力弥补。

#不会营销，再好的技术也难成功# HTC 自称与国内智能手机相比，拥有核心技术，突出的优点有：一、全金属机身，全世界仅 HTC 能做到；二、照相水平，可以拍清桌下猫的毛发；三、音效好。但这些突出的优点并未带来市场认可。不过，HTC 已经认识到了这点，正在做出改变。预算 10 亿美元的系列广告主题就叫"改变到来"。

#便利店的"便"和"变"# 便利店因为方便购物而风靡,但电商的兴起又给它带来了冲击,关店潮频现。从困境突围的最佳办法是从便利店的核心价值"便利"上做文章。便利店与社区消费者离得最近,可以增加各种缴费服务,提供咖啡、餐饮服务,还可以成为电商物流的终端,将与电商的竞争关系变为"竞合"关系。

#依靠一个主打产品很难长期立足# 统一方便面的影响力一直屈居康师傅之下，而在新推出老坛酸菜牛肉面后情况大大改观，一跃而成单品类第一名，2012年销售额达40亿元人民币，占到统一方便面55%份额。现在统一业绩大幅下滑，这和它依靠一个明星产品打天下有关。再畅销的产品都有生命周期，统一应该赶快培育新的品类。

#地产的两个决定条件：一是地在哪里买，二是产品定位和设计# 地块不能移动，无论好坏，都无法改变；地块在哪里，就决定了项目的价值。产品定位决定品位、业态（产品）配比，规划设计特别是户型设计，在项目实施后基本不能改动。这两者有问题即会成为项目的硬伤，无法治愈。除此以外都有更改的余地。

#在品牌还未做到品类第一或第二时，不宜多元化# 贝因美没有卷入2008年三聚氰胺事件，本应抓住这一良机，大力进行品牌营销，强化安全健康的品牌形象，往上游发展并控制绿色优质奶源，塑造国产第一婴童奶粉品牌形象。但贝因美被虚幻的全产业链数字游戏所吸引，跌入了陷阱。现在，它交了学费才回归婴童食品。

#**多少企业跌入全产业链陷阱?** # 贝因美股份发布半年报，称将集中资源用于婴童食品主业发展，巩固其在婴幼儿奶粉业中的领先地位，并大力拓展其他婴幼儿辅助食品业务，全力打造"婴童食品第一品牌"。而此前贝因美大力推行婴童全产业链战略，包括食品、玩具、服装、日用品四大版块，同时投资贝因美婴童生活馆。最后，绕了一大圈又回到原点了。

冯仑说，只要我们还是人，房地产就是重要的事
冯氏幽默往往透露出智慧，展示了他对房地产行业的信心。的确，人之所以与动物不同，其一就在于人需要独立的空间。人类80%的时间是待在人造空间里的，在人造的空间里工作、在人造的空间里生活、在人造的空间里造人，只要人类生生不息，房子就会不断升级换代。

创新就要10倍冲击力 # 谷歌的另一项变革是积极推行和贯彻新的思维方式"Moon Shot"和"10x"。谷歌雄心勃勃地开发"Google Glass"眼镜终端和自动驾驶汽车等产品，其背后是取代PC和智能手机等移动终端的宏伟目标。谷歌要求所有员工都要大胆创新，要能带来10倍的冲击力，而不仅仅是改善或改良产品。

停下脚步，重新思考 # 经营企业、品牌或者创意策划，都会存在阶段性的困境。没有头绪或没有理想的进展，大多是因为我们被日常的琐事所缠绕、受惯性思维所束缚，而不能站高一点，或以旁观者的身份从更高视角看问题，所谓登高才能看全、望远。因此，隔段时间停下匆忙的脚步，清零思想，或许才会有较大突破。

#嚣张的"小三"广告，巧妙的悬念营销#《南方都市报》登一整版广告："前任张太，你放手吧，输赢已定。好男人只属于懂得搞好自己的女人，祝你早日醒悟，搞好自己，愿天下无三。"直白的诉求，看似小三在叫板。一石激起千重浪，有人直呼节操碎了一地，引发道德与法律底线的热议。这实为某化妆品广告。

#策划的精髓：与顾客的关系近一点，再近一点#
乐蜂网五周年庆时启动了"把达人带回家"的活动，让达人们到被抽中的粉丝家中，教她们如何美容。活动预热阶段，其官微出现一海报："看什么看，7月15日，打开我试试"。典型的悬念，吊足了胃口，引发持续关注。当时尚达人从天而降，带给了她们真实的惊喜。

#一座城市如果不能发展更优质的产业，提供更多的就业机会和市政服务，建设以法制为基础的城市文明，则既不能乐业，更不能安居#底特律陷入破产危机后进行大力改造。据称除了翻修主城区办公楼外，还建了一座曲棍球场，目前正建一条轻轨。"只要造好房子，人们自然会来"，这是施政者的理念。果真如此吗？

#更好的用户体验是推动产品更新的原动力#从微博到微信，再到有信，社交工具各领风骚不是三五年，而是一两年，甚至更短。产品更新换代的动力在于超越老产品的不足，给客户更好的使用体验。比如，有信相比微信，语音质量好几倍，图片更清晰，且未装易信的用户也可以直接短信联系，甚至还可以给固话留言。但先入者占尽先机，有信超过微信比较困难。

MAYO
CLINIC

#让人启发的罗切斯特小镇# 1864年，梅奥医生在罗切斯特开设了一家专治南北战争伤病员的诊所，经过其继承人的持续努力，现在它是代表世界最高医疗水平的医疗机构之一，每天大约有1.5万人从世界各地赶来就诊。因此，万豪、洲际等酒店跟着把生意做到这里。只有12万人口的罗切斯特小镇，2/3的人在梅奥上班。

#冯仑把房地产商业模式分成三个阶段，第一阶段是地主加工头，第二阶段是厂家加资本家，第三个阶段是导演加制片# 国内大部分开发商还停留在第一阶段，竞争的是自然资源；第二阶段是以工业化流程建造住宅，解决规模限制；第三个阶段是以品牌、管理和技术带来客户和预期收益，收入多样，是典型的美国模式。

#手机靠综合性能致胜，而非一项特长# 曾经为行业老大的诺基亚，为东山再起推出 4100 万像素的拍照手机（Lumia920/1020）。远超一般专业单反相机像素的确是个亮点，但绝大多数人并不需要这么高的像素；且大多反感下班后工作，因此能发送 word 文档也无吸引力。现在的手机横行天下得靠"德智体美劳"全面发展。

#房企饮的是苦酒吗？# 星河湾号称地产界的劳斯莱斯，前两年看着白酒市场的火爆，黄文仔也忍不住进军白酒产业，中期目标是年产值 100 亿。2012 年推出的星河湾老原酒，其售价几与飞天茅台相同。如果是基于战略的转型，这样的延伸无可厚非；但如果仅仅是眼红酒企的高利润，5 年 100 亿则很难实现。

#营销首要的不是技巧，而是观念和精神# 常听营销部门的人谈销售难做，批评自家产品有多么的不好，根本没法和竞品相比。有这种情绪存在，还没有和对手过招，士气先输了。如果产品已经绝对完美、天下无双、世间稀有，还用得着去推销吗？之所以需要营销，就是因为产品还不是最好，需要通过营销动作提升价值。

卷九

微论品牌 微时代的最佳品牌营销读本

#高德手机导航宣布全面免费，自我革命的背后是遵循互联网精神及游戏规则# 互联网产品的最大资本是用户数，而快速获得用户数最有效的办法就是免费。互联网产品研发成本基本固定，用户数越多，单个用户的分摊成本就越低，甚至接近零。其模式可以通过免费获取最大用户数，然后通过增值服务和广告获取收益。

#宜家，我们卖的不是椅子，而是崭新的生活# 宜家新推出的一则广告：一个孤独的老人每天都去公园坐在固定的椅子上打发无聊的时间。有一天椅子被人占去，老人回去拿了自己的椅子坐，他却看到了不一样的风景，老人受此启发，带着椅子行走天涯。老人感受到了世界的丰富、生活的多彩和宜家家具的便捷舒适。

新《商标法》即将实施，这对于企业知识产权、品牌建设与维护意义重大 # 其一，明确"驰名商标"不能用于商品包装及其它商业活动上，减少了驰名商标对消费者的误导；其二，商标侵权额度提升至 300 万元，加大了侵权打击力度；其三，商标的申请、公告及复审等周期大大缩短，商标注册无需再跑马拉松。

华家池地块的价值考量 # 浙大华家池校区地块即将竞拍，恒基地产、和记黄埔、万科、绿地、世茂、绿城、融创、九龙仓、保利等大鳄均垂涎此地。是什么吸引了众多大腕？一、该地块已是杭州主城区的稀缺资源；二、近高速、高铁、机场的优越交通；三、近钱江新城可获溢价；四、介于武林与江干银泰商圈间，商业前景看好。

万科北宸之光：定义大城北 # 看似有点狂妄的广告语，凸现了万科经营城北的野心和霸气。北宸之光是万科入驻杭城北首个项目，秉承"好房子、好服务、好邻居"的三好住区品牌核心价值，采用点式设计，楼间距最大 110 米，20000 方中央景观带，分为东西两片区，中间是 8000 方的商业街，形成全新的商业解决方案。

 # 立体城市，冯仑的造城梦 # 冯仑在 2009 年第一次正式提出"立体城市"概念："在 1 平方公里的土地上，建造一个建筑面积 600 万到 1000 万平方米，可容纳 10 万到 15 万人口，3 万个家庭的立体城市。"用绿色节能技术建造的微型城市，包含住宅、商场、酒店、医疗、教育、写字楼等业态，能解决城内大部分人就业。

 # 苹果（中国）公司首次发布会被吐槽 # 这年头，企业新产品发布会越来越难搞，指定媒体用通稿的话，一看就是花钱买的稿子；如果不限定媒体范围，万一来了很多心怀叵测甚至敌意的记者，写出千姿百态的报道，无法控制。但是，在传统媒体和自媒体极度发达的今天，任何封锁都没有意义，唯持开放心态坦诚面对才是上策。

 # 效仿标杆，打造出世界第一 # 约 10 年前，万科宣布以美国最大的房地产开发企业 Pulte Homes 作为未来的发展标杆，该公司保持 50 多年持续赢利。10 年后，"好学生"万科成为全球最大的地产开发商，正是得益于学习这家企业的两个坚持：一是专业化，砍掉商业部分而专注于住宅开发；二是对质量和用户体验近乎偏执的追求。

#商业地产营运是根本# 国内普遍流行的商业地产开发模式是出售分割式产权,由房东招商或开发商返租,此模式很可能让开发者尽力提高可售店铺数,而对商业地产持续运营考虑不足。商业地产能够长期保持活力,除地段重要外,应留出足够的空间营造良好的购物体验,严格根据定位引进品牌,商户五花八门是大忌。

#赚点眼球的肤浅创意# 在打击网络虚假信息的风口浪尖,一则"假新闻"大行其道,"据考证,钢琴是中国人发明的""莫扎特有朝鲜血统""《命运》抄袭了《二泉映月》"。副标题"这种假新闻挽救不了中国传统民乐,但王朝歌《印象·国乐》可以"。借势敏感的假新闻噱头推广严肃的民乐演唱会,有点不对味。

#荣耀与传承# "如果你能跑,就去跑一场比赛,跑一次马拉松",耐克"Just Do It"25周年TVC以此开头,看似平淡无奇却正体现了耐克想到就做的洒脱、自由的运动员精神。接着一批顶级明星,串起了耐克的历史。结尾处,詹姆斯将球传给一名无名小卒,"祝你好运",既是说给晚生后辈,也是说给耐克自己。

#炫酷的技术无法超越思想的力量# 宫崎骏宣布退休，很多人感叹"从此再无大师"。宫崎老先生坚持手绘，杜绝电脑 3D 技术，只关注内心的理想——"陪着小朋友欢度童年，同时解答他们对这个混乱世界的种种疑惑"。关注人文精神而忽视商业元素反而带来了巨大收益，让他成为唯一能与好莱坞商业动画 PK 的东方导演。

#花80%的时间找人# 小米品牌堪称一匹引人注目的超级黑马，创始人雷军认为成功的核心原因是小米团队。在创办小米前半年，他至少花了80%的时间找人，找到有头脑、好技术、富激情的人，做出来的产品一定是一流的。为了招募一位出色的硬件工程师，几个合伙人轮番上阵，整整谈了12个小时，终于打动其加盟。

#无节操无内涵的地产广告毫无意义# 广西北海一楼盘以"新租界"，"贵族以此为界"为广告语。稍懂点历史的中国人都知道租界意味着"华人与狗不能入内"的耻辱，这样的宣传只能吸引一时眼球，既不能促销，还有损楼盘形象。"可以不买房，除非摆平丈母娘"的宣传语再广泛，因未揭示楼盘价值，也对促销无益。

#商业应该是做好事的力量# 一次，朱新礼问：乔布斯把苹果做成智能手机，而他只把苹果做成苹果汁，如何才能创新？维珍的一个高管告诉他，最后别人不是买你的产品，而是你为什么要做这样的产品。因此，他应该在苹果汁中增加一些激情。维珍奉行"找一个服务不专业的行业，去震撼一把"，让人们享有更好的体验。

#机会藏在问题中，也藏在数据中# "壹号土猪"的董事长陈生发现各地都有各种名头的土鸡品牌，土猪却没有；而猪肉的需求量是鸡肉的6-10倍。于是，他果断地开始养土猪，推出的"壹号土猪"品牌已在珠三角开出500多家连锁店，今年计划在上海开100家店。而更大想象空间的"壹号厨房"将把土鸡、土牛等装进去。

区域定价楼盘靠开发商品牌力 # 地处滨江区边缘归属奥体版块的龙湖春江彼岸，开盘价为23500元/m^2，与滨江核心区相同，较大幅度地拉升了该版块的价格。溢价部分主要来自于开发商的品牌影响力。地段当然是地产的首要因素，但如果开发商品牌够响，即使地段不够好，只要产品定位准确，也能重新定义区域价值。

消费类品牌宜开发互补的系列产品 # 苹果靠着Iphone\Ipad开创了智能终端先河，引领了消费者需求。但当众多跟进者逐渐强大，而苹果渐成街机后，单一的产品就显出竞争的乏力。现在苹果终于开始改变，推出5s和5c双胞胎，且换下经典"黑装"，穿上"花衣服"。个性的苹果意识到自己要个性，但更要满足消费者的个性。

品牌宣传主题应方向一致而不断递进 # 腾讯游戏《英雄联盟》新发布系列广告"英雄，去超越"，奥运冠军陈一冰、演员陈赫、钢琴家郎朗，体育界、演艺界和艺术界三大明星联手饰演该游戏中的三位英雄，共同演绎"英雄，去超越"的内涵。《英雄联盟》第一年的主题是"英雄为你而战"，第二年是"英雄在你身边"。

#**太极推凉茶，决策或失误**# 太极集团发布公告称将生产太极凉茶，尽管配方为中国工程院院士王永炎教授研制，加上太极品牌的影响力，但并不能保证它一定成功。凉茶已是一个成熟的品类，加多宝、王老吉已统领江湖，霸王和上清饮黯然退市，众多小品牌惨淡经营，而不熟悉快消品运作的太极推凉茶，其前景堪忧。

#天地品牌会有新天地吗?# 沃尔沃发布了名为天地的新款概念车。沃尔沃新研发了 SPA 平台，将推出更多车型。沃尔沃被通用收购后新品太少，营销乏力，渐渐沦为二线品牌。但在被汽车狂人李书福收购后加速发展，成都、大庆、张家口工厂相继获批，但要成功追赶"奥迪宝马奔驰"，还需要更清晰的品牌定位和紧密的用户沟通。

#成功真的可以复制?# 在高端白酒一片暗淡中，娃哈哈却以 150 亿巨资入驻贵州白酒工业园，这是一次极具眼光的战略投资，还是再一次往泥潭中纵身一跃？娃欧商城的失败，再一次证明大品牌并非无所不能，成功并非能在不同领域复制。娃哈哈熟悉的饮品运作与服装商场运作有很大不同，与白酒运作也有很大差异。

#重庆酉阳更精准的诉求# 重庆酉阳推广诉求"世界有两个桃花源，一个在您心中，一个在重庆酉阳"，与一化妆品撰写的广告如出一辙"男人一生要送女人两样东西，一样是钻戒，一样是凯莱帝娅"。旅游产品不同于奢侈品，管用的不是精神诉求而需要真功夫。酉阳真功夫是"凉都酉阳，避暑天堂"，更好的创意或是"火炉边的凉都"。

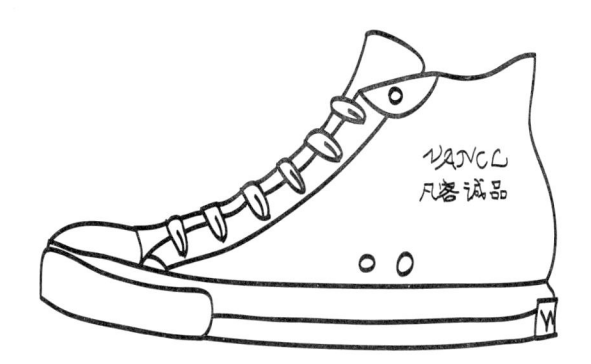

#专注和坚持是品牌成功的不二法门#凡客本是"互联网原创品牌",但在平台电商大势攻城略地,甚至日销售过万亿的刺激下,凡客开始了既走品牌又走平台的折中路线。但在平台电商强敌环伺的情况下,双腿走路似乎并不顺利,反而稀释了原有的互联网服装第一品牌。几经折腾,凡客重回"我是凡客"的品牌路线。

#品牌主张与消费者需求不一致，导致光恋爱不结婚# JEEP在调研中发现很多人喜欢这一品牌却不下单购买，就像会恋爱却不结婚。再深入研究发现，原因在于消费者认为JEEP是越野车，而不适合城市驾驶。如要获得城市客户的青睐，其品牌定位宜修正为城市SUV，各类营销沟通中也应贯彻这一理念，以转变消费者认知。

#两个水果的不同命运# 苹果5系手机发售，首周末即出货900万台，再一次刷新纪录。黑莓手机以安全著称，采用全键盘风行一时，但因为创新不足而或将出售。苹果因为创新而获得智能机先发优势，即使在智能机已经很成熟的时候，还在努力突破。比如苹果本次新发售的手机，采用了指纹智能识别、ios7和64位cpu等等。

#万达半年投资1700亿元的担忧# 2013年万达集团以闪电战在广州、哈尔滨、南昌、无锡、青岛、合肥等地签约投资六个文化旅游项目，其业态主要为文化、旅游、商业综合体。王健林并不担心外界所质疑的负债率问题，而是人才储备。国内文化产业管理人才不足，万达就引进外籍人才，同时开办一系列产业研究学院。

#做最贵房子的开发商# 克而瑞发布的数据显示，仁恒置地在华销售均价超过 22000 元 / 平方米，比绿城的 19000 元高出 10 多个百分点，成为唯一一家均价超过 2 万元的房企。仁恒置地定位高端，慢速度做精品，既可享受慢开发带来的土地增值，又能获得品牌溢价，其新楼盘售价及二手房价格、租金都要远高于同地段楼盘。

#实力，就是承认自己失败的能力# 这是马云的观点，果然与众不同。作为领导者，最重要的是看其眼光、胸怀和实力。眼光决定其能看多远，胸怀决定能包容多少不同类型的人。领导者的实力则是由很多次犯错和失败累积起来的，一个优秀的领导者区别于普通者之处在于，出了问题是不是首先检讨自己，说：问题出在自己这儿。

#选择品类关键在于其内在价值能被多少人多频次消费# 品牌一般是基于品类来构建，品类选择恰当与否关系到品牌的生死存亡。王老吉的成功是因为凉茶品类指向降火，这是所有中国人都关心的；真田推出枇杷润茶因为枇杷指向止咳，问题是，如果嗓子有问题引发咳嗽了，肯定要吃药，谁还会喝这饮料来止咳去痰润肺？

#与大牌比邻而居，借以提升品牌价值# 快时尚品牌ZARA在全球各地开店都秉承一个原则：选择大城市中心最繁华的街道，各大品牌最集中的地段，紧挨世界顶级的品牌。在纽约第五大道、巴黎香榭丽舍大街与路易威登、迪奥、阿玛尼等超级大牌做邻居，无形之中即建立江湖地位，再借势下沉渠道，辐射到较小城市。

#制造商与经销商的关系长久与否决定品牌是否发展顺利# 制造商与经销商永远存在充满矛盾又相互依存、分分合合的复杂关系。坚固如娃哈哈的联销体，松散如一般企业的代理关系。但真正要长治久安，或许应该向卡特彼勒学习，其经销商有与其超过50年的合作关系，从1925年就开始的代理关系。我们有几个品牌能做到？

#要充分利用地域品牌，更要建立和强化自己的品牌# 目前杭州首屈一指的美容品牌是艺星，其核心的诉求是"来自韩国"，本质上是借用韩国美容专业这一国家品牌为自己的背书。龙井茶、五常米、金华火腿等都是原产地品牌，但要产生更好的销售力，还得让消费者清楚什么牌子的龙井茶、五常米和火腿更值得信赖。

#宅者，人之本# 人因宅而立，宅因人得存。人宅相扶，感通天地。《黄帝宅经》本是风水论著，成文于农耕文明尚不发达之时，几千年以来重宅居的文化深深烙入中国人的价值观中，在城市化进程中的高楼大厦间，这一倾向更为突出。宅居不仅是建筑材料和方式，更是成就、地位和身份，做地产必须对此有深刻认识。

#有趣只能暂时吸引眼球，有用才更能持久# 啪啪刚诞生时只提供90秒录音功能，图片加语音分享的模式引起了大家的兴趣，消费者借此打发碎片化的时间。但时间太短，无法承载更多的内容，而没有内容的支撑，只是一时新鲜不会持久。现在它的容量增加到128M，可以播放原创音乐、教学片等，有用让市场想象的空间大增。

i peard

 # 山寨是一种值得提倡的精神 # 中国企业不会创新而只会抄袭，这是广为人知的批评论调，还由此造出了"山寨"这个新词。但创新基础很薄弱的我们拿什么去创新？盲目投入大量资金研发往往打了水漂还搭上企业的小命。没有 Google，哪来的百度；没有 Ebay，哪来的淘宝？只是在山寨时应有自己的思想，且要与时俱进不断进化。

#**数据是个大买卖**# 电商拼命想进入银行领域，除了金融是一个想象空间很大的市场外，更为重要的是与传统银行相比，电商具有更明显的优势。第一，电商的客户数极大；第二，电商可轻易实现跨地域服务；第三，电商通过后台可以精确地掌握企业的交易金额，这远比银行用传统手段了解企业经营状况更为简单、准确。

#**大牌也山寨**# 作为智能手机的后起之秀，三星抄袭苹果不仅被评论界所诟病，还被告上法庭，两品牌对簿公堂。山寨之路真在不断进化，除山寨技术和外观外，连广告创意也被模仿。三星推出的智能手表广告运用经典电影镜头，与苹果 Iphone 早期的广告如出一辙，只是苹果广告是固话通话，而三星广告是手机通话。

#**危机公关，得说清楚**# 特斯拉汽车发生火灾，股价应声下跌。其 CEO 引用大量数据解释火灾的前因后果获得了公众认同，股价反弹。比如，起因是行驶过程中一金融物体对电池仓造成 25 吨的撞击力，16 个由防火墙隔离的电池仓让火向下蔓延而不会往上燃烧，美国平均行驶 2000 万公里才发生一起汽车火灾，而特斯拉是 1 亿公里。

#地产广告应回归创意本身# 遍观各地地产广告基本千人一面，漂亮的效果图、几句看似文雅的句子就成了地产广告的标准范式，鲜见真正有创意者。地产广告与其它广告一样，其根本任务是：一、揭示产品或品牌清晰的价值；二、传达产品或品牌强烈的个性；三、透过有效的传播让更多的人产生兴趣并购买；四、获得更大的溢价。

#一站式旅游度假或成趋势# 不停上车下车，不断入住退房，这是当下旅游的常规动作。但旅游度假的本质是"休闲"而不是奔波，随着大众对旅游本质的认识加深，在一个地方深度游，甚至在一个综合体内解决住吃娱购所有问题，渐受欢迎。复星集团拟投资百亿元在三亚打造的亚特兰蒂斯酒店即是一站式服务的旅游业态。

#如何让团队一直保持向上的激情？# 如何让团队在创业的各个阶段都保持勇往直前、不怕苦累的精神，这是很多公司面临的一个共同难题。但难题背后的答案往往又异常简单，无非一个是信仰激发，一个是利益保证。360公司强调对公司和产品的责任感，创业时40%的股份为员工持有，后又设立期权池以保证后来员工的利益。

#高科技医疗器械也需借助传奇营销# 达·芬奇机器人以500年前达·芬奇的手稿为原型，由美国科学家研制成功，能做非常精细的高难度手术。达·芬奇既是艺术家、哲学家、诗人、音乐家，也是科学家和发明家，拥有超越时空的影响力。以他的名字命名，其信赖性、形象性和传播性俱佳，远比一个枯燥烦闷的医学名词好得多。

 # 个人品牌核心点：身份 + 价值 # 任何一个成功品牌，包括个人品牌都必须有清晰的身份认知和价值标签。比如，刘备与陌生人见面时往往自称"在下刘备，中山靖王刘胜之后"，这一说法尽管来路不明，也无法考证，"刘皇叔"的身份却因此得到了广泛认同。他随时随地宣讲"复兴大汉"理想，自然成为号召群雄的价值标签。

#现代思想与古老工具嫁接就是创新#2013年红点设计至尊奖获奖作品水车洗衣机,利用传统水车造型及工作原理,将内腔三等分,可供三家人同时洗衣。其设计的理念是零污染、零排放,不会与原有的环境形成冲突,偏远农妇在洗衣时免受冰冻之苦的同时,还能促进她们之间的交流。工业设计的根本目的是倡导更好的生活方式。

#国家服务能力也是竞争力# 中国第一号首富王健林享受了英国大使馆上门办理签证的待遇,这位新晋的中国首富,回报以3亿英磅的收购案和7亿英磅拟建西欧最高住宅案。2012年去英国旅游的中国人仅18万,而去法国的游客则有120万,原因之一是英国签证必须用英文填写,而去法国采用申根签证,可用中文填写去25个国家。

#全球品牌百强榜中何时可见中国品牌身影?#2013年全球品牌百强榜单新鲜出炉,苹果超越可口可乐成为第一,中国则无一品牌入选。除韩国三星和日本丰田外,前10强中的8强都是美国品牌,分别是苹果、谷歌、可口可乐、IBM、微软、GE、麦当劳、英特尔。排名显示了第二大经济体与第一大经济体差距究竟有多大。

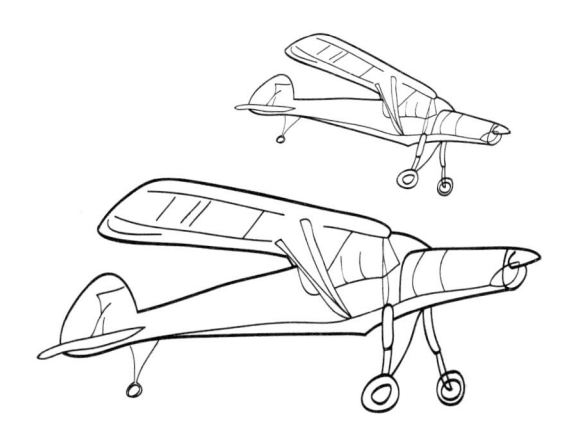

#从问题的表象去追寻问题的根源，往往南辕北辙#二战时英美盟军对德国进行轰炸，人机皆毁的比例很高。返回的飞机都是机翼完好，机腹受伤，于是盟军就加固机腹，但收效甚微。深入研究才发现，这一现象正说明机腹受伤还能安全返回，而机翼受伤则无一幸免，根源不在机腹而在机翼。后又加固改进机翼，果然失事飞机减少。

文化类品牌的内容第一 # 喜羊羊与灰太狼是近年来国产动画片的典范，75家电视台播放、5部电影创造了6亿票房，还有逾60亿衍生品。原投资人一开始的计划就是"产品+衍生品授权+上市"的模式，借意马国际上市后，几位创始人抽身，创作团队流失，原创能力下降，市场对剧情创新乏善可陈，语言粗俗暴力等批评声起。

一招制敌，一剑封喉 # 广告语言比任何文体语言要求都高，作家可以洋洋数万言娓娓道来，不疾不徐。电影导演可以花两个小时讲述故事，而创意广告只能有几秒钟到几十秒钟的时间。广告之难，难在提炼出直击核心的要点，并用极精炼的文字和极精彩的画面予以呈现，真需要一招制敌，一剑封喉。

"一针见效" VS "一针见笑" # 几年前，上海某中医祖传世家的一则广告语"一针见笑"颇受好评，其创意的核心在于紧紧抓住祖传针灸功夫对某些疑难杂症所产生的特效，但焦点不在疗效而是病人恢复健康后的精神状态。因此，不是一针见效，而是一针见笑。前者是江湖郎中的叫卖，后者是祖传世家的效果。

#男人不止一面，七匹狼有几面？# "男人不止一面"，是七匹狼主推口号。定位为品位男装的七匹狼是福建第一个服装品牌，很早即推行直营加代理双渠道模式。之后七匹狼还进入金融、地产等其它行业，却因涉足过多领域导致精力很难集中在服装主业上，加之其对服装消费趋势的判断失误，继续加快开店速度，导致业绩急剧下滑。

#明治奶粉似乎不明智# 日本明治奶粉在中国市场的销售堪忧。尽管其品质极佳，有"最接近母乳的奶粉"之誉，非其它在中国大行其道的真假洋品牌可比。但它在中国市场过于谨慎，缺乏大手笔的战略性投入。重心市场过少，没有销售团队，主要依赖区域经销商，在营销、广告上甚少投入，好产品并没有变成好品牌。

#大品牌也小器？# 麦当劳称终止与亨氏长达40年的合作，原因是麦当劳的老对手汉堡王前总裁的加盟，成为亨氏新的大管家。按理说，此一时彼一时，从竞争到合作，角色已经发生变化，没啥大关系。想必在同台竞技中，两个对手都是全力以赴，不光品牌结下梁子，连操作品牌的职业经理人也结下了个人恩怨。

#文学作品植入广告，重新被重视的推销手段# 石康新作《奋斗乌托邦》植入三个品牌，据说书还未出版即有300万进账。文学作品植入广告并不是石康的创新，100多年前巴尔扎克、凡尔纳也是如此，《人间喜剧》中出现给老巴免费做衣服的裁缝店，《环游地球80天》中的主人公就是坐着赞助商公司的轮船出海的。

#不能忽略老土的诉求# 韩寒代言的骆驼牌男鞋，新一轮广告诉求是"连续两年 No.1，全网男鞋销量第一。"看似没有创意，其实很有说服力。我们往往对所谓的新奇概念很神往，对"连续几年销量第一""行业领导品牌"等朴实得老土的诉求很不屑。企业的逻辑是好产品才好卖，消费者的逻辑是卖得好的才是好产品。

#央视是否变身物价局？# 万能的央视再一次表现了无穷的力量，新的矛头对准了星巴克的高价格。表面看，央视是在尽媒体的责任，实质上是滥用公权且暴露了他们对市场经济的无知。在市场经济条件下，价格完全由市场及企业决定，觉得星巴克贵，你不消费就行。消费者愿意去，一个愿打一个愿挨，两厢情愿，完全符合市场规律！

#批判不如学习# 央视完全没必要痛批星巴克高价，人家自有定价权。其实，我们更应该做的不是批判而是学习，学习星巴克如何把一家咖啡店开到全世界，如何用一个杯子征服了消费者。星巴克一直致力于打造家和办公室之外的"第三空间"，给顾客提供极佳的服务和体验，这也是其为何能被评为年度最理解消费者的公司的原因之一。

#对你来说，一个小孩的生命值1美元吗？# 看了这样的标题，是不是瞬间被吸引了？这只不过是一个提醒车主勤换车闸的广告标题。好的标题胜过千言万语，这个标题的优点在于，小孩的生命与1美元的服务价格形成了巨大反差，透过问句强化我们关心孩子的强烈情感：为了这1美元，也许会因为你失灵的车闸，而导致小孩子失去生命。

#三一、中联打架别来真的# 三一重工、中联重科三季报显示净利同比均下降近五成,这既受大势影响,也和两家企业恶斗相关。行业大佬之争司空见惯,似乎也不可避免。问题是,打打嘴仗可以,打得好还是低成本营销;但若是真打,伤筋动骨对谁都不好,鹬蚌相争,得利者渔翁。

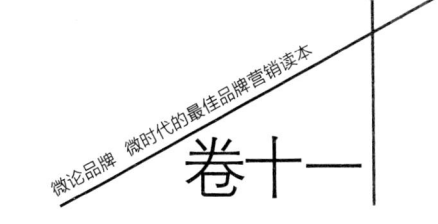

#热炒的概念最终还是要靠实用落地# 谷歌眼镜和苹果手表的出现，激起了市场对智能穿戴设备的兴趣。如果它们真能成为未来潮流，得和传统产品一样，必须解决用户为什么用的问题，即给用户带来切实的功能体验。如果只是一只普通的表，可能没几个人戴它，因为戴传统手表，戴的其实是品牌及其背后的价值主张。

#品牌越强大,就越难移植# 娃哈哈童装经营了11年，销售额才超过2亿。很多企业都和娃哈哈有相同的想法：充分利用高知名度品牌开发新产品，将老品牌移植到新品类上，以为这样必然成功。但事实上，在消费者心中，品牌只和品类挂钩，娃哈哈代表饮料，不代表童装，尽管"娃哈哈"三字看上去貌似和儿童有关。

小米常规打法是社会化互动营销，现密集亮相央视，表明其开始重视传统媒介宣传，也或是有更大的战略构想 # 小米手机 3 发布后，央视在新闻联播中报道："我国业界推出全球运行速度最快的智能手机"，经济新闻联播中也作了报道。随后小米又在央视新闻联播出现，主题是小米以粉丝作为研发后援团的创新模式。

经营策略不断变换，但一直保持方向不变 # 福耀玻璃董事长曹德旺表示，做任何事情想要成功，就得靠一股激情，他 25 年来没有星期六、星期日。但光有激情不够，还得有清晰的定位。他以玻璃起家，后专注做汽车玻璃，先是从维修渠道着手，在这一领域产生恶性竞争后布局配套市场，一步步做到中国汽车玻璃第一。

#PPTV 能给苏宁带来什么？# 苏宁收购 PPTV，看中的当然是其 3 亿用户。如果能打通 PPTV 和苏宁间的通道，PPTV 流量可以有效导入苏宁；PPTV 成为苏宁品牌传播的重要阵地和提供视频解说服务的利器；当然，对于传统零售业的苏宁来说，PPTV 带来最重要的价值是互联网精神，而这往往是传统企业转型互联网时的最大障碍。

#《爸爸去哪儿》，成功在这儿# 湖南卫视引进韩国的真人秀节目《爸爸去哪儿》，继浙江卫视《中国好声音》后再掀收视高潮。其原因大致如下：一是该节目在韩已成功，而中韩文化接近，国内观众易接受；二是突出节目的记录性，呈现给观众生活的真实；三是紧扣明星这一元素，以"明星爸爸+可爱宝宝"模式勾起观众的窥星心理。

#三马闯天下，何愁不成功# 阿里马云、平安马明哲、腾讯马化腾对互联网金融充满期待，通过各种场合积极造势。互联网企业开展金融业务，能够轻易获得客户的资金流量、实时动态、信用状况等真实的基础性资料，从而能提供最精准、安全的服务。现在缺的是为民企敞开大门的政策。如果门打开，三马必将引发金融革命。

#借申遗提升国家产品品牌形象，韩政府挺懂品牌运作# 韩国泡菜即将成为世界文化遗产，为了与中日泡菜进行区隔，韩国政府注册汉字"辛奇"商标，出口中华圈市场。韩国泡菜与其说是腌制的，不如说是文化浸润的，其背后是受儒家思想熏陶的亲情文化，被称为"孝子产品"，泡菜的味道被誉为"妈妈的味道"。

#企业家最应该向毛泽东学什么？# 马云、宗庆后、史玉柱、冯仑、任正非都是毛泽东的粉丝，或学他的战略，或学他的营销，或学他的管理，但最应该学习的是他能够统一、人的思想。在企业壮大过程中，最大的挑战就是如何形成统一的使命感和价值观。马云学得比较彻底，学延安整风运动，甚至还建立组织部等政工体系。

#**特斯拉和拓速乐,哪个更好?** # 特斯拉电动汽车大张旗鼓地进入中国市场,消费者以络绎不绝的到访展示了热情。或许,离特斯拉真正上市还剩最关键的一步,即解决商标问题。特斯拉中英文商标及网址均被别人注册,注册者3000万美元的转让要价逼迫其注册"拓速乐",显然,拗口的发音对未来品牌营销会带来障碍。

#万科入股徽商银行，喻示着房地产发展模式的变革# 建房子卖房子，是我们对房地产商的惯有理解，但未来房地产商的角色或许会发生重大变革，或将从卖房子的旧模式向综合的社区服务的新模式转型。万科未来或将向众多与其合作的中小供应商提供金融支持，成为利用大数据服务社区、运营城市的超级企业。

#纳爱斯营销新招：鲜明的价值观诉求 + 全媒体覆盖# 纳爱斯旗下高端洗涤品牌——超能植翠低泡洗衣液，新近发起一场声势浩大的营销活动，以"人人都可以成为自己领域的超能女人"为传播理念，选择5位明星级女性出镜，倡导健康生活理念。采用电视、微博、户外、视频等全媒体投放策略，短时密集，效果卓著。

#什么样的沟通方式才有效？# 或许没有标准答案，因为沟通的对象不同，身份、地位和性格都有差异，沟通也宜采用不同的方式。多年前，柳传志选定杨元庆作为接班人后，在给杨元庆的一封信中说："我用你接受的方式指导和改正你的缺点，向预定目标前进"。忽视了方式，沟通很可能就变成了"强加"，效果自然大打折扣。

 # 中医药如何国际化？# 中医药由于其医理很难让国外医生理解，很难数据化和标准化，难以打开国际市场。到目前为止，仅有复方丹参滴丸和扶正化瘀片通过美国 FDA（美国食品和药物管理局）Ⅱ 期临床试验。其成功的经验在于，选准西药很难解决而中医药却有显著疗效的病症进行中西方的合作试验，以实际的疗效说话。

 # 恒大冰泉，市场反应会是一壶冰泉还是一杯热茶？# 恒大足球夺冠，恒大集团即推出矿泉水品牌"恒大冰泉"，据说这寄托了许家印打造千亿矿泉水帝国的梦想。恒大进军矿泉水领域，或许是在房地产冬天正式来临之前未雨绸缪打造新增长点，也或许是在充分利用风头正健的恒大足球影响力，将其品牌价值最大化。

 # 恒大跨界之路或存坎坷 # 恒大冰泉计划 5 年内产值从零跃升到 2500 亿，神一样的速度似乎不太可能：一、快消品渠道建设并非一朝一夕之功，尽管恒大能利用旗下 200 多个楼盘销售，但这远不能支撑巨大的营销额；二、长白山的水源地并无优势，康师傅、娃哈哈早已布局于此；三、跨界违背了新品类宜采用新品牌的规律。

#独立的人格才能创作真正有价值的作品# 大卫·奥格威在经典著作《广告人自白》中表达："一个广告公司如果被吓得失魂落魄,它就失掉了提出坦率意见的勇气,而一旦你失掉了这种勇气,你也就变成了低贱的奴才。"作为智力型创作型公司,如果一味地迎合客户,最终将会变得很平庸,也无法为客户创造价值。

#地域差异带来的价值# 联想控股旗下的佳沃集团与法国、智利等企业合作生产葡萄酒,这既是联想大力投资现代农业的举措,也是全球资源整合的策略。中国几乎在各个领域都将成为全球最大的市场,其它国家的资源都将充分利用。比如,智利的土地平均有机质比中国高出多倍,且南北半球的差异正好提供反季蔬果。

#广告语并非一定简短就好# "在时速超过60英里时,这款新的劳斯莱斯汽车上最大的噪音来自电子钟。"这是奥格威为劳斯莱斯创作的最优秀的广告,也是广告史上最伟大的广告之一。超长语句,包含着最有用的信息,通过强烈的对比,向顾客传达出劳斯莱斯卓越的性能。但注意,妙就妙在它根本没直接说这车很好。

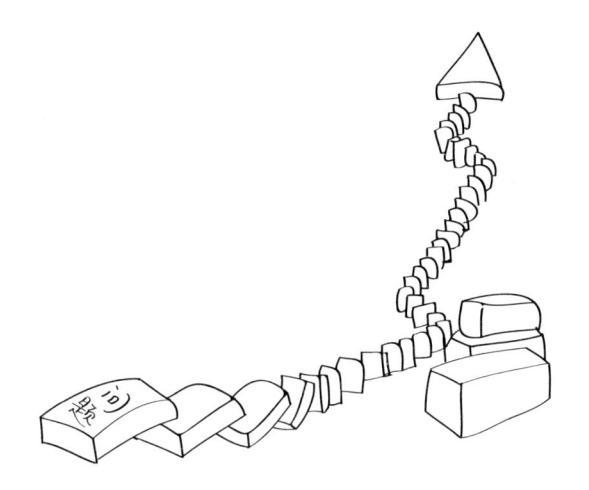

 # 解决难题就在创造机会 # 西医难办的问题，如果中医能够有效解决，这就是中医的机会；电子商务存在交易双方难以信任的问题，这就是支付宝的机会；电商爆发式增长存在配送不及时等问题，这正是菜鸟网络科技的机会。综观政治、经济、文化、科技等领域，无一不符合这一规律。因此不要抱怨，永远记住：问题即机会。

#你所应知道的用户体验精髓# 互联网兴起后,"用户体验"变成一个热门词汇,但究竟什么是真正的用户体验?360周鸿祎给出的答案是:"用户打开矿泉水瓶子,一喝是矿泉水,这不叫用户体验;一喝是茅台,才叫用户体验。"真正的用户体验不是比以往或比别人好一点,而是超出预期做到极致,甚至是颠覆式的。

#收费变免费,竞争大杀器# 如果一种服务对手收费,你却不收费,且做得很优秀,想必没有人会拒绝。360推出免费杀毒软件,颠覆了收费规则,成了"全行业公敌",引发瑞星、金山等"六大门派围攻光明顶"。但360越战越强,以免费吸引了众多用户。有用户在,地盘就在,免费聚人气,增值服务获利润。

#有存在感,品牌才存在# 任何一个品牌都是存在的,关键是有没有"存在感"。站在自己的角度,品牌永远存在;站在顾客的角度,品牌不被注意,就没有存在感,也就不存在。品牌营销的实质就是营造持续的"存在感"。"Google"标志的色彩、造型经常变化,其目的就是以丰富的变化在顾客心中营造强烈的存在感。

#国家使命 VS 市场规则?# 邓亚萍领导下的人民搜索(后更名为"即刻")在所有的搜索中排名靠后。她曾对百度的李彦宏说过:"百度不用打败我们,反而应该帮助我们,因为我们最重要的不是赚钱,而是履行国家职责。"问题是,一家商业公司并不会因为承担"国家使命"而必然茁壮成长,商海搏击得靠真刀真枪。

#江小白，一个白酒品牌传奇# 当我们看惯了"高端大气上档次"的"茅五剑"名酒，突然一个玩文艺派的小清新出现，立即惊艳四座。"我是江小白"品牌想必脱胎于江津老白干，但"老白"太土，自然不是小白走的路。小白完全颠覆传统白酒讲历史的套路，定位时尚，以"屌丝型、文艺心"的80后、90后年轻人为主要客群。

 # 品牌定位、价值观和形象必须统一 # 小瓶装不光有江小白,郎酒有歪嘴、五粮液有干一杯、泸州老窖有泸小二。但有些诉求没有江小白清晰,比如泸小二的"想得开,玩得嗨"针对年轻人的诉求挺好,但又画蛇添足地表白"经典、信赖、正统",露出"板着的脸"。品牌要成功,其定位、价值观诉求与包装等外在形象必须一致。

 # 定位的关键是找准战略基点,让对手无法跟随 # 可口可乐定位经典可乐,百事可乐定位为时尚可乐。两者的定位都是基于战略基点,对手无法模仿,可口可乐说自己经典,就不能说自己时尚;百事可乐定位为年轻一代的可乐,就不能再说自己经典。江小白定位时尚,传统白酒没法说自己也时尚,因此,它就有发展机会。

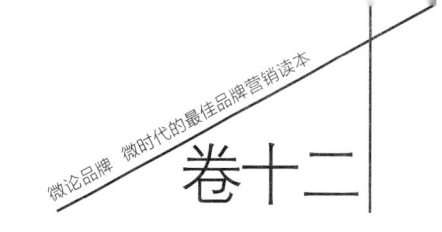

 # 娱乐明星推广功能性产品或是下策 # 林志颖在微博里大秀自有品牌爱碧丽胶原蛋白果味饮料，引来方舟子的声讨。在社会本来就质疑胶原蛋白产品的情况下，爱碧丽刚处于萌芽阶段就可能夭折。姑且不论胶原蛋白功效如何，娱乐明星在推广时尚类服饰方面或有引领作用，但在健康保健领域，权威医生一句话就足以浇灭粉丝的所有冲动。

 # 关系效益最终给娃哈哈带来什么？# 宗庆后在贵州投资白酒包含商业配套综合体，投资的宜昌购物广场也开工了。如果娃哈哈充分利用政府的支持进军商业地产是战略转型则无可厚非，如果只是想把关系价值最大化，则很可能是灾难。它更好的策略是专注于饮料食品，将国际市场做大，而不是进入一个陌生行业与巨人竞争。

产品需升级换代，品牌诉求也应与时俱进 # 曾被美国《纽约时报》评为"冰淇淋中的劳斯莱斯"的哈根达斯，围绕尊贵冰品的定位和情人品牌形象进行传播诉求。从"爱她就带她去哈根达斯"，到情人间"慢慢融化"，再进化到"一起融化"，如果说前者还有物质化倾向，而一起融化则升华到更高层面的心灵契合。

马云主导房地产未来？ # 冯仑在电子杂志《风马牛》中表示，房地产问题不是看政府怎么办，而是要看马云怎么做。电商进一步发展，必将降低商品的流通成本，而实体店因为商铺租金过高必然导致商品价格偏高，电商发展带来商品低价将收窄实体店的生存空间，租金无法维持高位，也可能闲置，房价自然会受影响。

户外广告创意趋势 # 平常所见户外广告，大多了无新意，只是标志及品牌名称的传达，缺乏品牌精神、气质的感性流露，更有甚者大量堆砌信息，完全违背广告信息聚焦原则。户外广告创意至少应作两方面考虑：一是广告画面创意，结合品牌理念或销售阶段性诉求；二是广告装置如何与环境融合，成为环境的一部分。

#微信竞争，也要多一点# 感受到微信支付和移动电商的挑战，阿里巴巴推出来往阻击。有意思的是，来往的标志设计与微信相似，也采用绿色底，也是两个对话圈，只是对话圈中是三个点，比微信多了一点。来往宣称将比微信有更好的体验，让各类人群都用得爽。来往是否真比微信多一点，还得用户说了算。

#在复杂的世界了，一个就够了# 韩寒在微博中晒出一个大纸箱，上面仅摆着一个橙子，围观者留言："橙心橙意，一个就够了。"还有的打趣："为什么当初"一个"不叫"一车"或"一吨"？看似随意的回应，实为精心的策划。此举妙就妙在，将韩寒的媒体"一个"与褚橙链接，将青年励志榜样韩寒与褚时健的励志橙链接。

#名人的商业价值# 英国首相卡梅伦在成都的香天下火锅进餐，他喜欢吃的红汤及香菜丸子成了抢手货，坐的包间和座位预订已排在半个月之后，食客要求服务首相的服务员曹静服务，则另需加收1000元的"首脑级服务费"。店家用将首相来访照片、新闻报道、白金汉宫及英国文化等内容装饰包厢，商业价值则能更持久。

#小梳子，大生意# 年产值2亿多，毛利1亿多，这是谭木匠创造的传奇。谭木匠以加盟连锁方式做渠道拓展，快速推出新产品以丰富的产品线建立竞争壁垒，以文化作为产品研发的出发点，与国内和国际设计机构及专业人士建立合作关系，保持前沿的设计理念。最终，谭木匠就不只是梳子，而是一件时尚用品和文化产品。

#淘宝送3600万的彩票，很土豪很营销# 淘宝为推广移动淘宝，以近3600万元的价格包下了12月12日双色球的所有组合，免费分给手机淘宝用户，估计将会有110多万人中奖，也可能产生500万以上大奖。豪放的大手笔与产生的巨大影响力相比，投入实在可算是低成本，不仅能吸引眼球，更能大规模增加客户数。

#娱乐是终极的营销利器# 人的本性是希望离苦得乐，各类贺岁片高票房收入，各类选秀节目万人空巷，即是见证。借娱乐节目营销，在泛娱乐化背景下，也是百试不爽。加多宝借《中国好声音》，其知名度及影响力一举超越老牌的王老吉，市场表现平平的英菲尼迪借《爸爸去哪儿》，"最感性的豪华车"品牌形象立竿见影。

#话题营销所必须掌握的关键点# 话题营销要点：一是找到公众关注度高的热点事件；二是找到与自身品牌的密切结合点；三是将话题发酵、升温，并衍生开来，产生持续关注度；四是话题的选择应与自身品牌调性一致。在实操中，第三、四点我们容易忽视，即有结合点但没能衍生，话题的调性与自身品牌调性也不匹配。

#千山万水，一屏之隔# GE为超生远程咨询系统创意的广告，一幅甘肃境内的乡村照片，苍茫的大山背景下，在一片小村庄中出现一个孤独的行路人，一目了然地表达了乡村的偏僻和落后。但是因为GE，"远行求医的脚步，停歇了"，尽管远隔"千山万水"，但病患者与医生仅仅"一屏之隔"，能够得到及时高效的救治，很好。

 # 是超级想象还是公关秀？# 贝索斯新近发布雄心勃勃的计划，拟利用无人直升机为客户提供下单30分钟内小件商品送货服务。此言一出，立即引来无数的关注和质疑。这当然符合贝索斯的个性，创造亚马逊就是超越想象的结晶。无人机计划或能推动科技进步，梦想或会成真，而眼下他的收获的当然是强烈的公关效果。

苏宁向阿里巴巴叫板 # 苏宁电器在去掉"电器"两字后，大力推进云商战略，新口号是"天下还有更大的生意"，这显然与阿里巴巴的使命"让天下没有难做的生意"有较劲的意味。阿里巴巴诉求"没有难做的生意"，而它诉求"还有更大的生意"，这绝非文字游戏，而是苏宁超越阿里的雄心表达，更是新的战略企图。

收购是打败对手的最好方式 # 北美最大的巧克力生产商好时旗下的荷兰公司与上海金丝猴公司达成协议，收购其 80% 股权。好时是北美地区最大的巧克力及非巧克力糖果制造商，与金丝猴业务相类似，在中国市场是重要的竞争对手。好时收购金丝猴，既少了一个强大对手，又能拥有它的分销渠道等资源，买卖划算。

中餐的出路 # 传统中餐的最大挑战是难以复制，厨师水平高，生意则好，否则就不好；甚至厨师某天心情不好，都可能影响菜的品质，影响食客的评价。好厨师也容易流失，辛苦培养正堪大用却是"为他人做嫁衣裳"。挑战的背后即是机遇。中餐要快发展，核心是去厨师化，建立标准的作业流程，确保菜品的稳定一致。

#技术+文化，汽车品牌的建设核心# 据观致汽车CEO郭谦称，观致不愿走国内汽车品牌从低端往高端发展的老路，直接定位中端。全球招聘，网罗国际汽车设计师和工程师。观致遭遇的挑战将会很多，在利用国际的技术同时，如何搞好不同理念的磨合，如何建立清晰一致的品牌文化，而这并非"中端"两字这么简单。

 # 出卖品牌的背后是使命的缺失 # 外资品牌收购国产品牌总会引来保护民族工业的类民族主义论调，但真正原因并非是外资狡猾，而是国内品牌缺乏使命感，只是把企业（品牌）当成一桩生意，如果有好价钱就一卖了之，或者遇到困难，也一卖了之。没有强烈的使命感就不会有坚定的信念，也就不会殚精竭虑寻求变革。

 # 小米 3 广告的秘密 # 小米 3 手机横空出世，放弃原先"不做广告，只在互联网销售"的主张，高密集地进入楼宇广告。"迄今为止最快的小米手机"，诉求很值得玩味，这句话至少有两种意思：一是"小米 3 是小米手机中最快的"；二是"小米 3 是手机中最快的"。文案创作者多半是故意将消费者往第二种理解引导。

 # 针尖对麦芒的节奏，才会有观众 # 小米 3 在两次央视报道"全球运行速度最快的智能手机"后红遍大江南北，"米粉"弹冠相庆、奔走相告。随后，魅族MX3发布了全新楼宇广告："没有虚高的像素，不是 16∶9 屏幕，不敢说全球最快，不敢省成本，不会作秀，不完美。"一向低调的魅族似乎不淡定了，影射小米挺直接的。

#圈定在更小的品类，就圈定了江湖地位# 品牌"老板"新广告："34年专注于高端，老板推出大吸力油烟机。今天，中国每卖10台大吸力油烟机就有6台是"老板"。"老板"，大吸力油烟机。"老板电器巧妙避开油烟机整体市场份额的尴尬（其地位不会是第一），而将自己圈在大吸力油烟机这一小范围内比较，领先优势自然凸现。

#上帝的生意# 南京爱德印刷厂只印《圣经》，为全球 70 多个国家提供 90 多种语言的各种版本《圣经》，累计印刷量已超过 1 亿本。这让西方人颇感惊讶，号称无神论的国家，却印刷着全世界最多的有神论著作。上帝是博爱的，但做企业却不能博爱，只能聚焦于某领域，特别在小规模时，聚焦于更窄的市场，空间可能更大。

#渠道下沉的本质是离客户近一些，再近一些# 决定加多宝与王老吉输赢的不光是品牌知名度，还有渠道，谁掌控了渠道谁才是最后的赢家。普通消费品如此，高端汽车等产品也如此。宝马汽车或即将把原来的四大区变为五大区，其目的一是渠道下沉，逐渐往中小城市渗透；二是渠道深耕，通过精细化管理挖掘营销潜力。

#中国首富心中的成功条件# 中国新首富王健林认为，卓越的企业家都接近神经病，企业家精神最重要的两条标准：一是创新或叫敢闯敢试；二是坚持精神。两条标准的背后是一种强烈的信念，相信自己选择的方向，相信自己愿景终会实现，虽遭遇失败但百折不挠。没有一股坚持到底的傻劲，太过圆滑或轻言放弃都不会成功。

#闺密营销的本质是利用情感放大销售量,增加回头率# "有一个人,不在身边却依然可以对你微笑,谢谢你与我,年少相知,经年相伴。有一种爱,叫'异地闺密',降温了,给你淘了一条围巾,盼安。"闺密套装,一式两份,分别送达。闺密收到物品时,喜悦感动之情溢于言表,情感被强化,品牌也可能被重复消费。

附一

使命：品牌的原动力

一流企业做标准，杰出企业靠使命。

2012年年初Facebook向美国证券交易委员会（SEC）递交IPO申请文件，创始人兼CEO扎克伯格在招股说明书中，再一次清晰地表达了Facebook的使命：让世界更开放，更互联。

Facebook使命的内涵主要有三方面：一是希望能够增加人们之间的联系，分享思想和快乐；二是希望改善人们同商业和经济的联系方式，可以从信任的人那里获得更多的产品和服务以及建议，这将有助于创造更好的产品，改善人们的生活品质；三是能够促进政府与民众的对话，让政府更关注民众的声音，让政府更透明，让官员更负责任，从而让世界更和谐美好。

怀着这样的使命，扎克伯格在哈佛大学创办了社交网站Facebook，它的建立只是为了完成一个社交使命——让这个世界更开放、联系更密切。我们相信，每一个被邀请加入Facebook的人都明白这个使命对我们的意义何在，它影响我们如何以及为何做决定。

扎克伯格在公开信中首先强调的是Facebook的使命，所有的努力都是围绕着使命而展开。而与国内IPO大谈股东利益不同，扎克伯格强调他们首先不是为赚钱而提供服务；赚钱只是为了提供更好的服务。

扎克伯格的风格与马云很相似，在很多场合，马云都在谈阿里巴巴的使命。那么，究竟什么是使命呢？这看似简单的耳熟能详的词语，在品牌领域却并未形成统一而清晰的认识，而与使命相关的愿景、价值观等概念常常混淆使用，加上一些论及使命的专著要么语焉不详、要么高深莫测，更增加了理解的难度。

比如，有论著认为"企业使命是企业生产经营的哲学定位，也就是经营观念。企业确定的使命为企业确立了一个经营的基本指导思想、原则、方向、经营哲学等，它不是企业具体的战略目标，或者是抽象地存在，不一定表述为文字，但影响经营者的决策和思维。这中间包含了企业经营的哲学定位、价值观凸现以及企业的形象定位：经营的指导思想是什么？如何认识的事业？如何看待和评价市场、顾客、员工、伙伴和对手。"

简而言之，使命就是承担的责任。使命是创业者或企业或品牌存在的根本目的，是企业家或企业创建品牌的原动力。它回答的是"为什么"的问题——为什么而创业，为什么而创立品牌。而愿景则是为了实现使命而设定的目标。正如扎克伯格所说，"完成我们使命的最佳方式就是建造一个强大、有价值的公司"。愿景是使命的具体化，是实现使命的途径和方法。因此，首先有使命，然后才会有愿景。

而学界主流的观点是使命是在愿景基础上制定的，"具体地定义企业在全社会经济领域中所经营的活动范围和层次，具体地表述企业在社会经济活动中的身份或角色。"这是有待商榷的，违背了基本的思维逻辑层次。

使命是基于社会和别人而不是自己。使命的真正价值在于基于帮助我们所生活的世界解决问题，帮助人们生活得更美好。很难想象，我们说我们的使命是"赚更多的钱"，或"拥有更大的权力"，并以此能带动企业和品牌的健康成长。想赚更多钱的三株、秦池早已销声匿迹；想拥有更大权力的希特勒很多年前在柏林的地下室饮弹自尽。

使命解决的是"为什么"的问题，就如我们常常会问自己为什么而活着。"吃饭是为了活着，但活着不是为了吃饭。"雷锋的话掷地有声，也激发着人们对使命的理解与认知：使命就是让人生更有价值。而没有使命的品牌自然缺少价值。

中国的企业家普遍缺乏使命感，中国的品牌普遍缺乏使命。最早的创业者大多是为了攫取物质财富，让家人过得更好一些，还没有升华到企业为社会承担责任的层面。而饱受诟病的富二代，相比第一代创业者而言，更缺乏使命感，至少第一代还肩负着让家庭富裕的责任，而大多数富二代连这点责任感也缺失。没有使命感，就如同人生没有方向。换言之，即将接班的富二代，谁更有使命感，谁就将赢得企业的未来。

因此，大量的民营企业家在培养子女接班时，应把学习现代管理技术的任务放在其次，而首要的任务是培养他们的使命感。有了正确而强烈的使命感，就会促使他们思考自己的使命与责任，从而让他们的内心充满激情和力量，强大而富有智慧，而"接班"自然水到渠成。

周恩来12岁那年，来到东北沈阳，目睹了洋人对中国人的欺侮，心里忿忿不平。在修身课上，校长问："请问诸生为什么读书？"同学中有的说"为做官而读书"，有的说"为挣钱而读书"，有的说"为明理而读书"……校长看着沉静的周恩来，点名让他发言，周恩来铿锵有力地说："为中华之崛起而读书"。校长没有想到一个十二三岁的孩子竟有如此胸怀和抱负，不由地大声喝彩："有志者当效周生！"

使命多高决定成就多大。心怀天下，则成天下之功；心系苍生，则积万众之德。周恩来少年时代的使命延续了一生，即使到了生命的最后一刻也仍在为国为民操劳……

人类因梦想而伟大，梦想因使命而光荣。使命能激发人的斗志，并甘愿为此付出一生。1960年，中国发生了全国性的大饥荒。有次，袁隆平远远地看到马路边围了一堆人，走近一看，路边横躺着两具骨瘦如柴的尸体，此事深深刺激了他，他决意在农业科研上搞出点名堂来，"让人们吃饱饭，让人类远离饥饿"。袁隆平选择了杂交水稻作为研究方向，并取得了辉煌的成就，诸多荣誉也随着而来：当代神农氏、世界杂交水稻之父、国家最高科学技术奖、美国科学院外籍院士、袁隆平星、11次国际大奖……

袁隆平淡泊名利，他把所有的专利都捐给了国家，心里只有自己的使命——让人类远离饥饿。而与之形成鲜明对照的是一些科研工作者眼里只有金钱、只考虑利益，而唯独缺失使命。没有使命就没有梦想，袁隆平的梦想是："我种的杂交水稻，像高粱那么高，穗子像扫把那么长，颗粒像花生米那么大，几个朋友就在稻穗下乘凉。"

"假如你被录取的话，你将是哈佛有史以来，录取分数最低的华人学生。"面试官如是说。

哈佛大学去年录取了一名来自宁夏的普通而又不普通的男生——杨凌。普通的是成绩，不普通的是经历。杨凌与大多数中国高中生天天苦读不同，他放弃高考，热心公益，成立"传递童年教育促进会"，募集款物、招募志愿者、组织志愿者、联系支教学校、前去蹲点支教,"传递童年教育促进会"以紧密的架构和组织程序,开始自己的公益之行。

"公益不是一腔热血的冲动就可以做好的,如果说喜悦和满足感是促使我们开启这样一件事的原因,那么责任感则是把它坚持下去的动力。"同学曹原这样解读公益和杨凌之间的关系。

"我希望能学到好的知识和理论,将来回到家乡,改变那里。"杨凌的使命赢得哈佛大学全额奖学金。"从他身上看到影响世界的潜力",哈佛所需要的学生正像杨凌这样有改变世界使命的人。而同样出身哈佛大学的比尔·盖茨、扎克伯格,虽是辍学的"坏学生",却都在用自己的行动,影响着世界。

很多企业都有自己的使命,打开任何一家公司的网站,差不多都能看到关于企业或品牌使命的表述。但这或许并不是好的现象。文字的空洞和乏味凸现了它们只是主人用来装点门面的饰品,毫无实际意义。

作为纸面意义存在的使命不会和企业发生多大的实际关系,很多企业或品牌是典型的说一套做一套;有很多企业和品牌的使命表述得模糊不清,看了不知所云。

品牌成功与否,首要起作用的就是有没有清晰的、高远的使命。阿里巴巴以"让天下没有难做的生意"作为使命,所有的产品设计和服务均围绕这一使命展开,它赢得了消费者的认同。

那么,如何才能科学地确立自己使命呢?

首先,找到需求。使命的原点源于对现实世界的改变欲望。

老福特发现他的工人天天造汽车，却买不起汽车，于是他就有了"让汽车进入每一个家庭"的使命。老福特为了这一使命，苦思冥想，他认为要让工人也买得起汽车，只能大幅度提高生产效率，减低成本。如何才能提高生产效率呢？作为当时已经是世界第一的汽车公司来说，他没有可以借鉴的同行。有一次，他到一家肉品加工企业去考察，看到活牛进去罐头出来的整个流程，觉得很了不起。助手的一句"这有什么稀奇，要是罐头进去，活牛出来才牛"的话，让他深受启发，发明了汽车生产流水线，改变了人类的生活。

其次，清晰表达。语言准确、简单，易于理解。百度以前的使命是"为人们提供最便捷的信息获取方式"，现在的使命是"让人们更便捷地获取信息，找到所求"。后者比前者的表述更简单、清晰。百度在发展过程中愈加认识到互联网不仅是一个技术的互联网，更是人的互联网，技术仅仅是平台，是隐藏在服务之下的，而只有让人们能够"便捷地获取信息，找到所求"才是最根本的。这个使命既是对百度工作的总结，也是对未来发展方向的指引。

再次，坚守使命。被美国《时代周刊》评为20世纪最有影响力的20位商业天才中，雅诗·兰黛夫人是入选的唯一女性。她说："我是一个有着特殊使命的女性，我希望帮助我所接触的所有女性变得美丽，并且永葆美丽。"

雅诗·兰黛出生在一个犹太籍的五金店主家庭，这个小姑娘金发碧眼，肌肤健康透亮，常常把她的母亲当成模特来化妆。雅诗·兰黛的叔叔是皮肤科专家，带给了她一瓶神奇的护肤油，就是这瓶护肤油开启了雅诗·兰黛的品牌传奇。从长子莱纳德到长孙威廉，无论在怎样的商业环境下，无论做过多少产品创新和管理革新，都秉承了雅诗·兰黛夫人确立的"为女人美丽"的品牌使命。

品牌的使命是需要坚持和坚守的，只有坚持和坚守，品牌才能基业长青。

最后，发展使命。比尔·盖茨从微软退休前，为微软做了一件意义深远的事——主导微软公司确立新的使命，即"帮助全世界的个人和企业实现潜力"。这个新使命意味着微软从最早的提供产品和服务的商业组织，转变成"让世界变得更好"的企业公民。

时代在发展，企业的使命也在不断更新。从"让每个家庭的桌上都有一台电脑"到"帮助全世界的个人和企业实现潜力"。微软的新使命让企业公民成为了品牌的DNA，商业价值和社会责任都得到了最好的表现。因此，微软建立了基于企业公民视角的产品创新策略，发布了"统一沟通"产品。该产品集电话通讯、电子邮件、电话会议、视频会议等功能于一体，从而减少沟通时间、差旅、碳排放。

微软的企业公民战略包含三方面内容：一是本地创新；二是信息化；三是缩小数字鸿沟。微软培训了数万名中国信息工程师；培训了10万以上的信息技术老师；推行社区学习中心，惠及数10万人，信息技术为偏远地区和进城务工人员打开了一扇了解世界的窗户，提升他们的自信，更好地融入社会，从而改变命运。这完全体现了微软的新使命。

大到国家、城市、政党，小到企业、产品和个人都需要树立品牌，而使命是品牌的基因。使命成就品牌！

附二

愿景：品牌要找北

在不经意间，我们悄然发现曾经蓝色的电脑巨人已华丽转身，发生了巨大的改变。这从IBM透过全球的媒体，无论是电视、广播、互联网，还是平面媒体、电梯广告及公关稿件中，我们发现了一个新的高频度使用的词汇"智慧的地球"。

智慧的地球，是IBM抛向全球的一个新愿景。2009年，IBM中国掌门人在一次报告中问："过去几十年，大家卖了这么多机器，卖了这么多软件，做了这么多服务，这个世界有没有变得更加智慧了呢？"这是IBM的发问，也是我们世界真实的现状。我们有太多需要烦心的问题，比如政治、宗教、地区冲突、能耗、细分产品而导致的跨界的连接等等。IBM再一次选择了站在全人类的高度来思考，这也决定了它所建构的高度和未来发展的愿景。

愿景从字面理解就是最希望发生的景象，又有理解为企业的远景。企业愿景就是企业未来的发展方向与长远目标。品牌愿景就是品牌未来发展的方向和长远目标。

坦率地讲，中国的企业普遍缺乏清晰的愿景。当然这并不全是中国企业家的问题，而是整个社会处于高速发展之中，有太多的机会可以实现企业家短期致富的目标，或者有太多短期的机会可以投机，这些因素导致了中国的企业家普遍缺乏更长远的发展规划而显得急功近利和短视。

格力电器是一家难得有清晰愿景的企业。成立于1991的格力电器是目前全球最大的集研发、生产、销售、服务为一体的专业化空调企业，它的愿景是"缔造全球领先的空调企业，成就格力百年的世界品牌"。严格说来，这样的文字表述还过于笼统和俗套，但是它却把愿景最核心的东西表述出来了，那就是"我要成为什么"说清楚了。

从它的表述中，我们看出来它是专门做空调的，它要做成全球领先的空调，而且要成就百年的品牌。这里有三个核心的要素，一是明确了做什么，做空调；二是宽度是多大，要做到全球领先；三是要多做多久，是要成为百年格力品牌。

仅从这三点，我们就应该向它致敬。纵观今日之中国品牌，有几个能够如此清晰地表述自己的愿景，有几个能够如此清晰地知道自己的前进目标？我们有几个能够清楚地意识到自己应该专注什么？是不是一有点积累，就老是想着多元化发展，一股力量分成了几股或很多股？是不是还没有真正的勇气进入世界市场，参与世界竞争？是不是还不敢于国际化？还有就是有多少品牌真正想过要做百年老店，要永续经营？我们是不是还停留在短暂赚钱的阶段？

格力空调因为有着这样的愿景而成为中国空调第一品牌。格力空调在全球拥有珠海、重庆、合肥、巴西、巴基斯坦越南等基地，开发出了家用空调、商用空调20余大类、400多个系列、7000多个品种规格的产品，拥有技术专利1500项，打破美日企业技术垄断，自主研发。在管理上引入西格玛管理方法，推行卓越绩效管理，拓展国际市场，在2005年即实现了世界销售第一。

使命是原动力，是愿景实现和发生的内在动力。愿景是使命的基体和具体的表达方式，也是使命的成果。使命是回答"为什么"的问题，而愿景则是回答"我们将要成为什么"。

IBM 为什么提出"智慧的地球"这一新的愿景，就是因为它发现了我们这个世界尽管科技进步了，制造先进了，但是我们在各个方面还存在着很多问题。通过研究，IBM 发现有 40%-70% 的电力被白白损耗了；现在油井的出油率只有 20%-30%；我们每天停车找车位所耗费的油就是一个天文数字。还有，因为没有更好的电子医疗记录，全球每年都有数以万计的因为手写而造成的配药的失误，如果能够统一医疗记录的话，每个至少可以防止 10 万人因为医疗事故而导致的非正常死亡等情况。

"在 IBM，企业公民理念与生俱来存在于我们的基因当中，他是公司基本信念与核心价值的体现。" IBM 董事长、总裁及首席执行官彭明盛这样说。作为自视为企业公民的 IBM，当然会以改变现状，让世界更美好为使命。而仅有这样的使命还很空泛，要让这一使命有依存之地。

他们找到了实现"智慧地球"这一愿景。智慧地球就是 IBM 新的使命的具体表达，也是 IBM 发展新方向和目标。

扎克伯格在 IPO 的公开信中，他说：完成我们使命的最佳方式就是建造一个强大、有价值的公司。建造强大的有价值的公司是他的愿景，而这样的公司是实现他"让世界更好的互动和沟通"的平台。

詹姆斯·柯林斯和杰里·波拉斯总结了"目光远大"型公司战略成功之秘诀："目光远大"型公司更强烈、更彻底地向雇员灌输他们的公司愿景，它们创造出一种强烈的崇尚其愿景的氛围，就像崇拜宗教一样。它们在行动上与其愿景更加一致——比如在制定目标、战略和战术及组织设计方面。"

事实上，我们从最新科技研究成果，能从更本质更深层地了解愿景的意义和价值。哈佛大学的教授们历经多年的研究，发现了我们大脑由三部分组成——脊柱末端、大脑及大脑皮层。脊柱末端是5000万年前就形成的，它是有关于人类最早的安全的记忆，就是我们人类的本能；再后来进化后，开始有了情感，这和目前主要的哺乳动物一样；我们最年轻的大脑皮层的进化只有两百年的历史。大脑皮层会让我们图像化思考，这是所有动物所不具备的能力。

图像化的能力让我们人类拥有"创造"这一最区别于动物的本质。我们要做什么，首先是因为我们大脑里有了一个什么样的概念和模型，我们才会去做。哪怕刚开始雏形，但只要我们有了这样的构想，我们动手后就可能沿着这样一个构想不断深化和完善，最终创造出真正有价值的产品、艺术品和其它发明来。

在人类的进化过程中，图像化思考的能力，让人类从洪荒进入文明。

在企业的实践中，愿景则是企业集体的图像化目标，将会激励着团队不断向前迈进。

1932年，松下幸之助发表了他的使命和愿景。"我的使命不应该只是为了松下，而是战胜贫穷，实现民众富有。怎么办？那就是大量创造民众所需的产品，为民众创造更多的财富。什么时候我们的产品像自来水一样成为人们时刻离不开的重要产品，做到既方便又便宜地满足民众需要，贫穷就会消失。这个设想，需要许多时间，可能要 2 至 3 个世纪，但永远不要放弃这个看法。从今天起，这个遥不可及的梦想、神圣的呼唤，将成为我们的理想和使命，让我们分享为追求这个使命带来的乐趣和责任吧！为后代人幸福努力奋斗！"

大量创造民众所需的产品，为民众创造更多的财富，这就是早年松下幸之助的愿景。就是这样的愿景一直激励着松下公司的团队奋勇向前，从而创造了松下的商业帝国。

愿景的力量：一是明确了组织努力的方向，做到上下同欲；二是能形成组织凝聚力，强化团队利益和共同目标；三是激发团队创造力。愿景是高于现实的目标，远大的愿景可以唤起团队成员的激情和斗志，从而激发起广泛的创造力；四是给所有人希望，让他们能够更脚踏实地面对现实，努力工作；五是愿景是发展的指南，是最终决定成败的关键。

武钢集团总经理邓崎琳在 2012 年初表示，大力发展服务业将投入 390 亿元养猪、卖盒饭、接送小孩等。我们可以视为武钢设定了新愿景，既做钢铁，又做服务业。这样的新愿景会有力量吗？邓崎琳把多元化的原因归结为钢铁市场不景气，利润薄，那我们有两个问题需要问邓总：一是当钢铁市场好起来后，武钢与那些在冬天里依然坚持专注于钢铁的同行相比，竞争力会如何？一个花了大量心思在养猪的钢铁厂的钢铁大家会很认吗？第二个问题是一个陌生的行当，多久才能做熟市场？一个炼钢的养猪厂的猪肉会好卖吗？或者说能卖得好吗？

那么，我们如何制定愿景？一要高远，二要具体，三要提升，四要落地。

在问及谁是汽车发明人时，有一个很容易犯错的回答是亨利·福特，而不是奔驰。为什么呢？这个误解正是对福特的赞美，因为他有一个愿景是造出物美价廉的汽车，谁都买得起。当时，汽车刚刚发明不久，汽车即使对富豪来说都是奢侈品，但他却豪气干云，提出了如此伟大的愿景。我们可以想象，当时没有多少人会相信他，但是今天即使在发展中国家，汽车已经进入寻常百姓家，他的愿景得以实现。

愿景表述得越清晰和具体，说明想得越清楚。1995年到2000年间，微软使用了新愿景"信息在你指尖"，这样的表述显得有些笼统，似乎适用于任何和软件或信息相关的品牌。这更像是广告语，或者更适合今天苹果手机和IPAD所倡导的体验。

随着公司的发展，愿景也应提升。微软在刚创立不久时，比尔·盖茨就提出让计算机进入家庭，让每张桌上都有台计算机。进入21世纪之后，微软又提出了新的愿景："通过优秀的软件赋予人们在任何时间、任何地点、通过任何设备进行沟通和创造的能力。" 通过以微软、苹果、IBM等一批电脑行业先驱们所做的不懈努力，今天电脑已经基本普及。在新使命的召唤下，微软提出了新的发展愿景。

愿景似乎与现实离得很遥远，但事实是今天所有的努力都是基于为了将来到达远方的目标，今天所有的工作要有助于更快到达那里。

所有的企业家和管理人员，在确定愿景后，最重要的工作就是如何让愿景落地。有三个工具是必须用的，一是战略，即制定详细的路线图，回答我们将如何到达那里；二是中长期目标，把战略路线图分解几个阶段，每一个阶段的主要目标和任务；三是短期目标，即我们现阶段必须着手完成的事项。

附三

核心价值：品牌要找魂

这两年无疑是国内著名运动品牌李宁的多事之秋。先是渠道改革受挫，经销商怨声载道，客户群流失，后又曝出大规模裁员、利润大幅下滑等震动运动品行业的消息。

作为国内运动品牌的领导者李宁为何陷入如此困局？2010年6月30日，李宁公司发布了品牌重塑的转型战略，这标志着李宁进入了新的发展阶段。新的战略并不意味着会一帆风顺，更不意味着一定正确，很多品牌正是因为善变而导致失败的。

根据李宁官方的说法是，中国的消费者偏好"时尚、酷、全球视野"这三个要素，李宁以为找到了品牌新的DNA。于是李宁作出了几项具体的改变，一是急于表现"时尚、酷"等理念，发布的第一支广告中"别老拿我跟别人比较""你们为我安排的路总是让我迷路"等等语言，表现的是90后的个性与叛逆；二是为了实现价格向价值转变，李宁大幅度提高价格；三是进行渠道体系改革，在区域调整基础上，一些小分销商被上级经销商兼并。

李宁的困局，首先是错误地选择了新的品牌核心价值。时尚、酷等讨好90后的价值定位，短时间内不可能获得90后的认可，但又失去了以前积累下来的忠实的以70后为主的消费群。李宁的品牌从成立到现在深深地打上了李宁个人品牌的烙印，李宁代表着"坚强、乐观、积极向上"的精神，这样的精神打动着与李宁一起成长起来的70后，而与90后所表现出的叛逆和非主流格格不入。即使90后买账，但这样的价值诉求也不可持续，90后很快会长大成熟。阳光、快乐、激情、积极向上是永远被倡导的精神，也是符合更广泛的客户群的需求。即使对于追求个性的90后，这些精神也是他们向往的。

其次是品牌急功近利，犯了冒进错误，在耐克、阿迪达斯等国际大牌面前，李宁想短时间内"赶英超美"。但他忘了，罗马不是一日建成的，品牌核心价值的塑造并非短时间就能成功，国际大牌更不是一蹴而就，尤其是服装等非高科技的快消品。还有一点原因，快消品品牌会受到区域品牌或国家品牌的影响。日本的手表即使制作再精良也很难干过瑞士的手表，中国服装在短时间也很难干过意大利服装。耐克的故乡美国拥有NBA，而中国还没有可与NBA抗衡的世界级球队，李宁无法借势快速完成"国际化"。

核心价值的迷失是李宁品牌陷入困局的根源。那么，什么是品牌核心价值呢？品牌的核心价值是品牌承诺给消费者同时也能被真切感知的最重要的价值点。品牌核心价值和品牌使命、品牌愿景同为品牌的三大基因，品牌使命回答的是"为什么要做这个品牌"；品牌愿景回答的是"要把这个品牌做成什么样，以更好的实现使命"；品牌核心价值回答的是"消费者为什么会买"，能给消费者带来什么利益。

核心价值是品牌使命和品牌愿景的落脚点，使命是品牌的缘起，是最根本的起点，愿景则是基于使命的宏远蓝图，让使命找到了方向和目标，核心价值则是品牌从思想走向市场这一现实世界的支撑点，也是品牌在市场中的灵魂，品牌落地的相关工作都必须围绕着更好地实现核心价值而展开。

品牌核心价值必须使品牌自身定位和消费者认知相统一。如果品牌自我设定的核心价值，消费者感知不到，没能在消费者心中成功注册，那就不是核心价值，也将导致消费者对品牌认识上的偏差。所有成功的品牌都有自己的核心价值。比如耐克的体育精神、宝马的驾驶乐趣等等。

中国缺少真正的品牌的一个重要原因就是品牌核心价值的模糊或缺失，丢了品牌的魂。从学术界到企业界，对品牌核心价值普遍认识不深，重视不足，甚至还有把核心价值和价值观混为一谈的现象。即便有的品牌有自己的核心价值，或是人云亦云，或是朝令夕改，或空洞无物，让消费者找不到北，当然不可能占领消费者心智了。

我们来看看李宁品牌提过多少概念，"中国新一代的希望""把精彩留给自己""我运动我存在""运动之美世界共享""出色，源于本色""一切皆有可能""别老拿我跟别人比较"等。从这些概念中，没有一条统一的价值主线相贯穿，显得既散且杂，纷繁的变化让我们不知道李宁究竟是谁了。李宁似乎是想套用耐克的品牌核心价值，如耐克提"JUST DO IT"，李宁提"我运动我存在"，但似乎是没有学到家。

孔府家酒曾经火热一时，但不久便销声匿迹。最早的"孔府家酒，叫人想家"的家文化理念是不错的选择，后来却变成了"孔府文化"，酒酣耳热可以让人心生缠绵、怀念故乡和家人；但"孔府文化"是啥？孔夫子一本正经的儒生气质似乎和饮酒的酣畅淋漓意境相去甚远。

娃哈哈公司出品的非常可乐，据说在农村市卖得不错。可是，业绩并没有想象的那样理想。从最早的"中国人自己的可乐"到后来的"年轻没有失败"，显现出非常可乐核心价值观的飘移，让人捉摸不定。现在，市场已很难再见到非常可乐的踪影了。

很多中国品牌有一个坏习惯，总喜欢用"民族品牌"诱惑消费者。事实上，消费者在购买产品时，不太会考虑到是哪个国家生产的，更在乎品牌诉求的核心价值是否与自己心中所想要的价值是否契合。诉求民族情感的品牌如没有强大核心价值作支撑，仅仅只会是一个民族主义倾向的口号，空洞无力，不会产生实际的购买力。当年高呼"以产业报国为己任""振兴民族工业"的长虹彩电得到了大家的认可，事实上我们扪心自问恐怕认可的更少不了是它的低价格。

品牌核心价值往往包含两个层面，一是物理层面的产品和使用价值（理性价值），二是附属在产品身上的精神价值（感性价值）。所有品牌的核心价值都离不开这两个层面，只是不同的产品侧重点不同而已，购买路易威登手提袋，看中的是LV所传递的旅行奢侈品的尊贵气息，而物理本身的使用功能倒放在其次了；购买大型的重装设备，我们往往看重的是产品技术参数、质量性能。不过，品牌的历史、文化以及由此带来的信赖感也是重要的影响购买的因素。

品牌的核心价值是消费者为什么要购买的直接原因，换个说法是消费者买这个产品有什么用途或好处，理性的品牌核心价值主要包括产品的功能、质量、便利等。比如海飞丝的"去头屑，快速去头屑"，潘婷的"养发护发"，补充头发营养，更乌黑亮泽；飘柔的"柔顺"，让头发飘逸柔顺；汰渍净白洗衣粉的"净白"，能有效去除多种污垢，令衣服洁白透亮。

感性的品牌核心价值是指消费者为什么购买的深层原因，

这是隐藏在消费者内心深处的情感需求，消费者购买的某品牌能成为表达他个人的情感，价值观，或彰显他的个性。南方黑芝麻糊强调的父子之爱的亲情；芬必得传达的是一种关怀和责任；哈雷·戴维森摩托车一直都是自由大道、原始动力和美好时光的代名词，每年数以万计拥有哈雷的骑手会在美国聚会狂欢，轰鸣的马达会响彻夜空。拥有哈雷不只是拥有一辆摩托车，而是拥有一种新的生活方式，激情、自由、快乐并彰显十足个性。

核心价值的建立包含两个层面的内容，一是核心价值的提炼和选择；二是核心价值的打造。

1.核心价值的提炼和选择。

一是独特。自由的市场经济环境下，几乎所有的产品都有众多的竞争对手，一个品牌如果没有个性将湮没在千军万马之中；而消费者消费习惯日趋个性化，没有哪一个品牌可以将不同消费倾向的消费者一网打尽。因此，构建差异化的核心价值是品牌的不二选择。

在可口可乐一统江湖之时，百事可乐如不另辟蹊径，则可能出师未捷身先死，而它提出"新一代的选择"自然与老大作了有效的区隔。金六福是贴牌五粮液的白酒，虽然定位中低端，而在林林总总的白酒大军面前，金六福倡导"福文化"而异军突起，获得不错业绩。

发源于广东的凉茶，市场一直不温不火。直到王老吉找到了"预防上火"这一核心价值，再通过各方渠道传达"怕上火，就喝王老吉"的核心价值诉求，凉茶市场得到井喷式的发展。

当然最大的受益者是首先提出这一价值诉求的王老吉（实际操盘手加多宝现在也受益于此）。

随后跟上的和其正，以"清火气"为核心价值和"和其正、清火气、做人要大气"的价值诉求就显得不够独特和精准。"清火气"似乎在抄袭王老吉的"怕上火"；同时，清火气是明显的功能诉求，存在一定的风险，消费者如较真追究就可能被批为虚假宣传。王老吉的"怕上火"就高明很多，既规避了风险，又把更多的消费者纳入，哪个中国人不怕上火？且又没有明说真的能降火。"做人要大气"和前面的"清火气"也搭不上边，喝凉茶和做人大气毫无关系，生拉硬扯。

二是清晰。大红鹰倡导"时代精神"，但什么是时代精神？各有不同的理解，模糊的核心价值等于没有价值。后来大红鹰重新定位为"胜利的精神"才让人清晰一点，但问题是胜利并不是一种精神，胜利只是一种结果。怪不得后来被利群收购。大红鹰的东家利群则要高明很多，一直坚持"轻松、平和、满足"的核心价值。前些年利群的广告语"人生就像一场旅行，不必在乎目的地，在乎的是沿途的风景，以及看风景的心情。利群，让心灵去旅行。"表达的就是其核心价值，新的广告语加上了"平和从容，轻松满足"这一揭示品牌核心价值的语言。

三是消费者需要。核心价值再完美，再清晰，如果不是目标消费者所需要的，消费者也不会掏腰包。力士香皂1986年即进入中国市场，舒肤佳1992年才姗姗来迟，然而，舒肤佳后来居上，超过力士而成为香皂市场的领导者。是什么原因导致了这样的结果？论品牌娘家的实力，力士背后是英国联合利华，舒肤佳是美国的宝洁，旗鼓相当，甚至联合利华排名更靠前。论品牌推广，力士 70 余年与国际大牌影星合作，演绎"滋润、高贵"的品牌核心价值；力士香皂借家庭主妇传达"除菌"的品牌核心价值。经过研究，人们发现力士的"滋润、高贵"不及舒肤佳的"除菌"更贴近消费者，后者更能满足消费者的需求。在使用香皂时，消费者最需要的是更能"除菌"而不是"更滋润，更高贵"。

2.品牌核心价值的打造。

在品牌打造过程中，品牌核心价值必须坚两个原则，一是坚守，二是贯彻。坚守是长期坚持一个核心价值的诉求，不受外界干扰和影响，不因短期市场挑战而频繁变换核心价值。即使一个平庸的核心价值，也抵得过十分精彩但朝令夕改的核心价值。前者至少让消费者清楚品牌究竟有什么价值，而后者魔术式的变花样，会让消费者认识不清，根本打动不了消费者。

李书福不止一次表示，沃尔沃是沃尔沃，吉利是吉利。李书福表达的是吉利汽车对收购后的沃尔沃品牌的态度。李书福不会让沃尔沃品牌变颜色、改血统，坚持沃尔沃品牌的核心价值。1927 年，第一辆沃尔沃（Volvo）汽车下线，自此，开创了沃尔沃这一著名汽车品牌。安全成了沃尔沃品牌的核心价值，这是对所有消费者的郑重承诺。一提到沃尔沃人们就会想起安全，安全和沃尔沃已经实现了紧密的链接，它几乎就是安全的代名词。

在沃尔沃品牌的发展历史中，也走过弯路。在 20 世纪 50 年代，沃尔沃希望更时尚、前卫，因此，沃尔沃研发制造了前卫的敞篷跑车，改变产品线和传播重心。不久，沃尔沃业绩下滑。因为制造跑车并不是沃尔沃的强项，而跑车的运动、追求激情与速度在本质上与沃尔沃所主张的安全的核心价值产生内在的冲突，消费者开始怀疑沃尔沃是否不再坚持安全的追求。吃了亏的沃尔沃迅速回到原有轨道上，继续打造"最安全"的中高档汽车。即便在被吉利收购后，吉利董事局主席李书福及沃尔沃汽车（中国）CEO柯力世均一再表示，沃尔沃将坚持原来的方向。

品牌核心价值打造的第二个要点是贯彻。品牌的核心价值不能仅仅体现在与客户沟通的渠道上，不能仅仅出现在广告、公关、包装等外显层面上，而是要全面彻底地贯彻到品牌的方方面面，从产品研发、生产制造到终端营销上都要传达一致性的信息。

六个核桃是近年来快速成长的饮品品牌，从五年前的年销售3个亿，迅速逼近100亿年销售大关，它在核心价值上的贯彻上可圈可点。之所以能从众多植物蛋白饮料中脱颖而出，就是因为它找到了"益智健脑"这一核心价值。它在品牌打造过程中也紧紧围绕这一核心价值展开。比如，产品开发上，率先通过工业化技术，在保留营销的前提下去掉了天然核桃的涩味，具有消费者喜爱的香、浓特点；从命名上，"六个核桃"远比"大寨"核桃露要高明得多，既表明品类属性又有量词便于记忆，同时还暗示了本品牌"量大料足"，值得信赖；推广语也挺有型"经常用脑，多喝六个核桃"，将补脑这一功能与品牌进行了巧妙的强烈的心理链接；学习王老吉、加多宝的红罐策略推出蓝罐包装，独特的视觉符号与用脑需理性挂上了钩；代言人的选择上也是如此，原代言人为影视明星梅婷，其公众形象与品牌益智健脑的关联性不大，于是启用知性女性的鲁豫作为新代言人；将主要的目标人群锁定在学生身上，实施"高考季"营销战略；健脑需要的是长期饮用，于是采用箱货营销等等。

如果说使命、愿景看上去还有些"高、大、上"，能对此有深刻认识并在企业践行是需要有相当境界的，不是所有的企业家都能做到；但品牌的核心价值则是所有企业家必须认真面对的课题，甚至应该成为所有工作的中心，因为一切工作都是为了创造顾客所需要的"价值"。

跋

学习、分享、成长

　　这是我的第二本微博结集，记录的是 2013 年发生的一些品牌事件以及自己关于品牌营销的思考和评论，算是自己一年的品牌观察。

　　微博其实并不是新鲜东西，中国古代经典中的经典大多是短文写作，比如早期的《易经》《老子》《论语》，后来的《菜根谭》《夜航船》。"补白大王"郑逸梅先生先后出版过《艺林散叶》《艺林散叶荟编》等著作，也是短文。当下，生活节奏变快，时间碎片化，客观上需要快阅读，一些简短而有思想的书籍应该得到推广。

　　我没有想过自己的作品会成为经典，只是把它当成自我成长的手段。利用碎片化时间学习，随时记录下思想的片光吉羽，然后通过微博和短信与朋友们分享，在这一过程中收获最大的是自己。每天都写，还要写得言之有物，就必须多阅读深思考，自己对品牌营销的认识在一天天的加深；用微博的形式来写严肃的商业评论难度也很大，自己的文字能力也在日积月累中提高。

　　在本书即将付梓出版之际，我要特别感谢朋友郑建斌、王承凯，当代世界出版社的耿芸，是他们的支持，本书才能顺利出版。还要感谢为本书作序的师长和朋友：罗开富先生在 30 年前历经千辛万苦重走长征路，是我学习的好榜样；蒋承勇先生是博士生导师，在高校管理和改革方面成绩卓著，积极提携后辈；单银木先生曾是我的老板，是典型的草根浙商，从零起步将杭萧钢构打造成行业第一家上市公司，他给了我很多锻炼机会，给了我悉心的指导和帮助；赵昕东先生是世界五百强企业浙江物产环能公司的高管，对品牌和营销有独到的认识和理解，也给了我很多鼓励和支持。

几乎每一本书都是建立在很多前辈、同行研究成果的基础之上。笔者在本书写作过程中，参阅了大量的资料，包括财经、营销、管理等期刊和网络报道，在此深表感谢；还要感谢我的团队，是他们的辛勤而卓有成效的工作我才有时间用于思考和写作；也要感谢我的企业界朋友，在我每天坚持微博写作和发送短信的过程中，给予我极大的鼓励和支持。

本书并非严谨的学术著作，主要是品牌营销思想分享和案例解读，难免有纰漏，欢迎读者批评指正（bbsyy@sina.com），这是鞭策我成长的好机会。

赵崇甫

2014年1月